Johann Georg Gmelin

Quousque?
Beiträge zur soziologischen Rechtfindung

SE**V**ERUS
Verlag

Gmelin, Johann Georg: Quousque? Beiträge zur soziologischen Rechtfindung.
Hamburg, SEVERUS Verlag 2011.
Nachdruck der Originalausgabe von 1910.

ISBN: 978-3-86347-059-3
Druck: SEVERUS Verlag, Hamburg 2011

Der SEVERUS Verlag ist ein Imprint der Diplomica Verlag GmbH.

Bibliografische Information der Deutschen Nationalbibliothek:
Die Deutsche Nationalbibliothek verzeichnet diese Publikation in der
Deutschen Nationalbibliografie; detaillierte bibliografische Daten sind
im Internet über http://dnb.d-nb.de abrufbar.

SE**V**ERUS
Verlag

Vorwort.

Die vorliegenden Aufsätze wollen im Anschluß an die Schriften von E r n st F u ch s (Karlsruhe) den Versuch machen, auf die Gefahren und Klippen hinzuweisen, denen unsere Rechtsprechung mit dem fortschreitenden Überwuchern des Formalismus und der seine Grundlage bildenden scholastisch-dialektischen Methode zusteuert.

Wie lange noch soll dieser Kultus des Formalismus fortgesetzt werden?

Wohin werden wir damit gelangen?

Was können wir an seine Stelle setzen?

Das sind die Fragen, die heute jedem Richter am Herzen liegen müssen.

Die ersten zwei Veröffentlichungen zeigen die kleinen Anfänge der jetzt bei mir vorhandenen Überzeugungen. Diese haben sich allmählich so entwickelt, daß schließlich in der vierten Abhandlung, deren ursprüngliche Skizze in der Württ. Zeitschr. für Rechtspflege und Verwalt. Jahrg. 1910 S. 1 veröffentlicht wurde, der Versuch gemacht werden konnte, den p o s i t i v e n G e h a l t der soziologischen Methode herauszustellen. Der (an dritter Stelle abgedruckte) Aufsatz über „das Laienelement in den Strafgerichten" steht zu den übrigen Nummern in einem loseren Zusammenhang, doch ist immerhin der Grundgedanke — das Entgegenwirken gegen die Formalisierung der Rechtsprechung — auch hier derselbe wie in den anderen Ausführungen.

Die Vertiefung des wissenschaftlichen Problems der soziologischen Methode ist eine noch weitaussehende Aufgabe, für die ungewonnenes Material in reicher Fülle am Wege liegt. Mögen dieser Aufgabe zahlreiche überzeugte Mitarbeiter erstehen!

Stuttgart, Ende Januar 1910.   Gmelin.

Inbalt.

I. Kritik der Schrift: Recht und Wahrheit in unserer heutigen Justiz von Ernst Fuchs,

Rechtsanwalt in Karlsruhe (Berlin, Heymann. 1908)[1].

(Württemb. Zeitschrift für Rechtspflege und Verwaltung 1908 S. 467 ff.)

Auch wenn man nicht alle Gedankengänge des durch seine temperamentvolle Schrift: Schreibjustiz und Richterkönigtum (Leipzig, Teutonia-Verlag, 1907) bekannten Verfassers billigt, so darf doch gewiß eines gesagt werden: Fuchs ist ein Mann von Herz, der die Hand auf Wunden legt, deren Vorhandensein vielfach empfunden wurde, ohne daß man sich über ihre Ursache immer klar geworden ist.

Prüft man die von Fuchs aus den neuesten Bänden der RGZ. herausgegriffenen und kritisierten Urteile an der Hand der von ihm gemachten Bemerkungen nach, so dürfte es unmöglich sein, die Berechtigung seiner Kritik in vielfachen Punkten nicht rundweg anzuerkennen. So z. B. hat Fuchs (S. 35) völlig recht, wenn er es verwirft, daß das Reichsgericht (E. 64, 344) die aus dem Absatz 2 des § 823 BGB. hervorgehende Schadenersatzpflicht wegen Übertretung eines Schutzgesetzes den Kindern eines durch Absturz in den Dorfbach Getöteten gegenüber deshalb nicht eintreten lassen will, weil das Verbot des § 367 Nr. 12 StGB. nur zum Schutz der am Abhang Verkehrenden bestimmt

---

[1] Erweiterter Abdruck der in Holdheims Monatsschrift für Handelsrecht und Bankwesen, Jahrg. 1907 S. 181—199, 305—341, veröffentlichten Abhandlungen.

sei, nicht ihrer Angehörigen. „Die soziale Einheit der Familie", sagt Fuchs zutreffend, „wird hier widernatürlich und herzlos auseinandergerissen." Begründet ist auch der in der bekannten Frage der Haftung aus § 833 BGB. im Fall des unentgelt= lichen Mitfahrenlassens dem Reichsgericht (zu E. 65 Nr. 75) ge= machte Vorwurf, daß es, statt von sich aus eine vernünftige und gerechte Gesetzesauslegung zu geben, auf die Billigung der tat= sächlichen, auf die Annahme einer künstlichen Willenseinigung hinausgehenden Feststellungen des Kammergerichts sich beschränkt. Zutreffend ist u. E. auch die Bemängelung des Urteils über Eidesverweigerung (RGZ. 66 Nr. 50), sowie der Urteile Bd. 64 S. 323 und 366. Auf weiteres soll hier nicht eingegangen werden. Der aufmerksame Leser wird an sich selbst die Erfahrung machen, daß er nun manches sieht, was ihm bisher verschlossen war. Man wird z. B. in Zukunft auch an solchen Sätzen, wie Bd. 65 S. 314: „Es kann der Revision zwar zugegeben werden, daß Gebote des Anstands und der Billigkeit nicht ohne weiteres als Vertragsnorm anzusehen sind", in Zukunft nicht kritiklos vor= übergehen, und sich fragen, was mit derartigen Sätzen genützt wird und ob sie von seiten des höchsten Gerichts nicht lieber unausgesprochen blieben.

Im ganzen wird gesagt werden müssen, daß die von Fuchs herausgenommenen Beispiele wohl geeignet sind, das zu be= weisen, was er zeigen will: daß unsere heutige Rechtsprechung viel zu sehr auf formalistischer Grundlage beruht, — daß sie sich auf Wortauslegung, Entstehungsgeschichte, logische Spitzfindig= keiten stützt, wo es ihre Sache wäre, in natürlicher Einfachheit zu prüfen, welche Regelung die den Prozeßstoff im Einzelfall bildenden realen Verhältnisse und die praktischen Bedürfnisse vom Standpunkt des gerecht und einsichtig Denkenden aus erheischen.

An Stelle der „philologischen Entscheidungen" will daher Fuchs „soziologische" setzen. Er verwirft die „Pandektologie" und erinnert an ein Wort Georg Beselers: „Wir müssen aus der Schriftgelehrſamkeit heraus zur lebendigen Cat. So wie in allen Beziehungen des öffentlichen Lebens, ſo auch |namentlich in dem gerichtlichen Verfahren."

Für das Zivilprozeßverfahren wünſcht Fuchs eine gründliche Wandlung in der Weiſe, daß das Schwergewicht, ähnlich wie im Strafverfahren, in eine Hauptverhandlung mit Beweisaufnahme zu verlegen wäre. Das gegenwärtige Verfahren, in welchem zunächſt die Schriftſätze und nach der Beweisaufnahme die Protokolle vorgeleſen werden, kennzeichnet er treffend dahin: „Wir haben die Mündlichkeit da, wo ſie völlig unnütz und verfrüht iſt, nämlich v o r der Beweisaufnahme. Wir haben ſie aber nicht, wo ſie allein unentbehrlich ſchon für die Inſtutitioo iſt, nämlich bei der Beweisaufnahme." Mangelhaft und reformbedürftig erſcheint nach Anſicht von Fuchs auch die Technik der Vernehmung, zu deren Verbeſſerung er die Bekanntſchaft mit der von William S t e r n inaugurierten Ausſagepſychologie verlangt.

Die Urſache der Mängel, „wodurch auch die Anwaltſchaft in ihrem Geiſtesleben in Mitleidenſchaft gezogen iſt" — ein gewiß ſehr beachtens und beherzigenswertes Zugeſtändnis im Munde eines Anwalts! —, findet Fuchs in der „abſtruſen Vorbildung" auf Mittel und Hochſchule. Auch hier wird man ihm m. E. darin beizuſtimmen haben, daß auf unſern Schulen der formalen Wiſſensbildung ein viel zu weiter Spielraum eingeräumt iſt, daß es dagegen in weitem Umfang an der zielbewußten Heranbildung zum p r a k t i ſ c h e n Denken und zur richtigen Erfaſſung der modernen Zeit und ihrer Erſcheinungen fehlt. Man leſe ſelbſt nach, was Fuchs über dieſe Gegenſtände (S. 181 ff., vgl. Schreibjuſtiz S. 8—27) ſchreibt. Sein warmes Eintreten für Beſeitigung der beſtehenden Schäden berührt wohltuend. Uns Richtern aber kann der von außen kommende Ruf nach einer freieren Stellungnahme der Rechtſprechung gegenüber dem Geſetzeswort nur willkommen ſein. Zum großen Teil beruht die

formaliſtiſche Art der Geſetzgebung auf dem Mißtrauen gegen
das Richtertum, deſſen Tätigkeit man ſich, um ganz ſicher zu
gehen, unter Verkennung der notwendiger Weiſe rechtſchaffenden
richterlichen Funktion, in der Art einer Rechtſprechungsmaſchine,
eines „Subſumtionsautomaten“, vorſtellt. D a h e r die möglichſte
Einzwängung in detaillierte Geſetzesparagraphen, die kein Aus-
biegen nach rechts oder links zu geſtatten ſcheinen. Aus dieſem
Zwang müſſen wir allmählich wieder heraus zu einer freieren
Betätigung, zu einer ſelbſtändigeren Bearbeitung und Hand-
habung des Geſetzes im Sinne einer wohlverſtandenen Intereſſen-
a b w ä g u n g unter Verwerfung engherziger ſcholaſtiſcher Aus-
legungsmethoden und unter Berückſichtigung deſſen, was die
moderne Zeit verlangt. In dieſer Auffaſſung kann das Richtertum durch die von F u c h s ausgeſprochenen Gedanken nur gefördert werden.

———

Nachtrag zu vorſtehenden Ausführungen im Anſchluß
an einen, abweichende Anſichten vertretenden Aufſatz von
Rechtsanwalt M e u r e t : [1]

Es war mir in meiner Beſprechung des F u c h s ſchen Buchs
in erſter Linie darum zu tun, durch Betonung deſſen, was aus
dem Werkchen in poſitiver Beziehung gewonnen werden kann,
zu ſeinem Studium anzuregen. Zu meiner Befriedigung habe
ich inzwiſchen aus „Das Recht“ 1908 S. 637 [2] erſehen, daß ich
mit meiner günſtigen Beurteilung keineswegs allein ſtehe. Daß
ich F u c h s ’ Anſichten in a l l e n Punkten teilen würde, trifft
nicht zu.

M e u r e t ſcheint davon auszugehen, ich ſei ein Vertreter
der neuerdings ſtark hervortretenden Richtung, die für die Rechtſprechung die Befugnis in Anſpruch nimmt, a u ß e r h a l b des

[1]) Dieſelbe Zeitſchr. 1908 S. 671.
[2]) Anzeige des Buchs „Recht und Wahrheit“ durch Landgerichtsdirektor Crönert in Halle a. S.

Gesetzes Recht zu schaffen. Meiner Auffassung nach kommt indessen solche „prätorische" Befugnis im heutigen konstitutionellen Staat dem Richter n i c h t zu. Das „Rechtsgefühl des soziologischen Oberrichters" soll nicht ü b e r d e m G e s e t z, sondern i n n e r h a l b desselben sich betätigen. Wenn M e u r e t in diesem Zusammenhang den Tierhalterparagraphen gegen mich ausspielt, so ist er damit nicht glücklich. Hier liegt doch ganz zweifellos ein Verstoß gegen die Regeln der Gesetzestechnik vor, wonach vom Gesetz in erster Linie Klarheit verlangt werden muß. Es wäre Sache des Gesetzes, dem Richter zu sagen, wer als Tierhalter haften soll, nicht darf dem Richter die Aufgabe gestellt werden, aufzusuchen, wer denn eigentlich im Sinne des Gesetzes Tierhalter ist. Daß dadurch unter allen Umständen Rechtsunsicherheit entstehen m u ß, ist ja außer Frage.

Das, was ich meine, kann ich vielleicht an folgendem Beispiel verdeutlichen.

Enthielte die ZPO. etwa den Satz:

> „Sind bei einer Zustellung formelle Verstöße vorgekommen, so entscheidet das Gericht nach freiem Ermessen, ob die Zustellung wirksam ist; wird das verneint, so ist[1] der betreibenden Partei eine angemessene Frist zur erneuten Zustellung zu bestimmen",

so könnte das richterliche Ermessen in Verbindung mit der Interessenabwägung zu vernünftigen Ergebnissen führen. Viele Tausende, vielleicht Millionen Mark wären seit 1879 dem rechtsuchenden Publikum erspart worden, wenn nicht jeder Zustellungsfehler zur Klageabweisung führen müßte, weitere Millionen würden ihm in Zukunft erspart werden. Alles, was über Zustellungsfehler geschrieben und judiziert wurde, ist nichts andres als ein „schmählich vertaner" Aufwand. Es würde hier auch, wenigstens in gewissem Umfang, zutreffen, was S u c h s sagt:

---

[1] [nötigenfalls unter Wiedereinsetzung in den vorigen Stand].

daß es ganz gleichgiltig wäre, ob sämtliche Entschei=
dungen so ergangen sind, wie dies geschehen ist, oder
im entgegengesetzten Sinne.

Im Anschluß an dieses eine Beispiel kann ich nur meine
Ansicht wiederholen, daß in zahlreichen Fällen (nicht nur im
Prozeß, sondern auch auf dem Gebiete des Privatrechts) die
Übertragung diskretionärer Befugnisse an den Richter durch das
Gesetz, selbstverständlich in weisem Maße geübt, segensvoll wirken
würde. In diesem Sinn kann und soll der Richterstand for=
dern, daß ihm die Gesetzgebung mehr Vertrauen entgegenbringe.

Für die praktische Anwendung des positiven Rechts ist für
solche Fälle, die nicht durch bestimmte und klare Gesetzesvor=
schriften geregelt sind, an dem von Fuchs vertretenen soziolo=
gischen Standpunkt festzuhalten. Die Rechtssicherheit wird dabei
nicht mehr leiden, als bei scholastischer Buchstabeninterpretation,
welche ja auch in keiner Weise Rechtssicherheit verbürgt.

II. Über die Kunst der Rechtsprechung [1].

("Deutsche Richterzeitung" Hannover, Helwing 1909, Nr. 4.
S. 94 ff.).

Als mit dem 1. Januar 1900 im Gebiete des gemeinen Rechts das römische Recht mit seinen Kontroversen und die ergänzenden Landesrechte, deren Auslegung oftmals nicht mindere Schwierigkeiten bot, dahinsanken, da wähnte wohl mancher den Anbruch einer neuen Zeit gekommen, in der ein leicht zu handhabendes Gesetzbuch die Aburteilung der Rechtsfälle, die das praktische Leben täglich in neuer Form und Fülle hervorbringt, in leicht zu findenden und leichtverständlichen Sätzen gestatten würde. Diese Hoffnung hat sich nicht erfüllt. Die Zahl der Kontroversen ist Legion. Zu dem notwendigen Rüstzeug des Praktikers gehören dickleibige Kommentare und eine unheimlich anschwellende Flut veröffentlichter Urteile der höchsten Gerichte [2].

---

[1] Die nachstehende Erörterung beschränkt sich auf die Rechtsprechung in bürgerlichen Sachen.

[2] Der treffliche Staudingersche Kommentar wandelt in 8 Bänden auf ca. 5500 Seiten die 2585 Paragraphen des BGB. und die 218 Artikel des EGBGB. ab. Die offizielle Sammlung der Reichsgerichtsentscheidungen in Zivilsachen setzt nach dem 1. Januar 1900 mit dem 44. Bande ein und weist seit dieser Zeit mit dem vollendet vorliegenden 69. Bande bereits wieder 26 Bände auf. Berechnet man den Band zu 450 Seiten, so sind dies 11 700 Seiten, die nach heutiger Auffassung der Richter gelesen haben sollte. Dazu kommen die Spruchsammlungen der JW., des „Rechts" und vieler anderer Zeitschriften. Die gebräuchlichen Kommentare von Gaupp-Stein zur ZPO., von Staub-Stranz zum BGB. zählen in ihren neuesten Auflagen je 2040 Seiten.

Diese Überproduktion an Bücherweisheit kann nicht segens=
voll sein. Was die Rechtsprechung verlangt, ist nicht totes
Wissen, ist nicht Buchstaben= und Präjudizienkult. Eine ver=
nünftige Rechtsprechung bedingt Berücksichtigung des tatsächlichen
Lebens und seiner Verhältnisse, erheischt Kenntnis der Vor=
stellungen, die in den beteiligten Personen leben, setzt voraus
ein Sichversenken in die praktischen Zwecke, die im Kampf ums
Dasein von den Menschen verfolgt werden; sie verlangt Kennt=
nis der Ausdrucksweise, des Bildungsstandes, des subjektiven
Gefühls des einzelnen von dem, was er als Recht und Unrecht
empfindet, Kenntnis des Maßstabes, welchen der einzelne an
sich und die anderen in seiner geschäftlichen und rechtlichen Be=
ziehung anlegt. Über all dies können Kommentare und Prä=
judizien dem Richter nur zum kleinen Teil Belehrung und Aus=
kunft geben. Beobachtung und die durch fortgesetzte lern=
freudige Beobachtung erzeugte Lebenserfahrung müssen dem,
der das Recht finden soll, zur Seite stehen. Er sei sich bewußt,
daß das, was er in seinem Rechtsspruch als Staatswillen (d. h.
als Willen der Gesamtheit) dem Einzelwillen gegenüber durch=
zusetzen und zu bewähren hat[1]), nicht eben diesem Gesamt=
willen widersprechen darf. Er halte sich vor Augen, daß jedem
Rechtsstreit ein krankheitsähnlicher Zustand zugrunde liegt, —
daß vor seinem Forum ein Stück verwirrten Menschenlebens
sich abspielt, das in Ordnung zu bringen seines Amtes ist, und
er wird, wie ein wirklich guter Arzt, zunächst darauf sehen, wie
denen zu helfen ist, die sich vertrauensvoll an ihn wenden[2]).
Der Richter soll nicht allein seinen Verstand, er soll sein Mit=
fühlen in den Dienst der Sache stellen; er muß die Phantasie
spielen lassen, um sich lebensvoll in die Lage derer hineinzu=

[1]) Ihering, Zweck im Recht Bd. 1 S. 294.

[2]) Der Jurist, welcher urteilt, handelt . . . . Mit der bloßen Er=
kenntnis dessen, was ist, ist es aber in praktischen Dingen noch nicht ge=
tan, es soll geholfen werden (Ihering a. a. O. Bd. 2 S. 47).

versetzen, die in den ihm vorgelegten Schau= oder Trauerspielen
handelnd auftreten, um sich klar zu werden, wie es den Men=
schen bei ihren Handlungen zumute war, welche Interessen
sie verfolgten und ob solche Verfolgung, von der hohen Warte
des Allgemeinwohls betrachtet, bestehen kann; er muß sich klar=
machen, was von ihrem subjektiven Standpunkte aus die Parteien
von dem Staat, der ihnen zu ihrem Recht verhelfen soll, er=
warten und ob diese Erwartungen einem richtigen Rechtsgefühl
entsprechen oder auf unbegründete Rechtsanmaßung hinaus=
gehen. Und dann muß den Richter die in jedem von uns
wohnende Magnetnadel des Gerechtigkeitsgefühls zu dem
Ziele hinweisen, das er zu finden sich müht. Nicht auf kalten
logischen Schlüssen, nicht mit scholastischer Bücherweisheit kann
das Recht gefunden werden. Bei jeder wahren Rechtspflege
muß das Herz mitsprechen, indem es dem kritischen Verstande
sich zur Seite stellt und die Schlußfolgerungen, die dieser aus
dem Gesetze ziehen will, kontrolliert, sie — soweit es mit dem Ge=
setz vereinbar ist — mildert und mit dem Leben im Einklang setzt.
Die Rechtsprechung soll und muß sein die ars aequi et boni,
— das haben die Römer schon vor eintausendachthundert Jahren
ausgesprochen! Was der Richter selbst, in die be=
treffende Lebenslage versetzt, als recht und gut emp=
finden und dementsprechend betätigen würde, das muß
er, wenn er als Urteilsfinder richtig denkt und handelt,
aus dem Gesetz, soweit es nicht unabänderliche Sätze
enthält, herausholen und zur Bewährung bringen
können.

Man wird einwerfen: Diese Weisheit können wir nicht
brauchen. Sie will das subjektive Gefühl über alles setzen. Die
Willkür — gerade das, was der Rechtsuchende am wenigsten
vertragen kann — wird an Stelle des Gesetzes regieren. Un=
haltbare Zustände der Rechtsunsicherheit würden bei Befolgung
solcher mißbilligenswerter Grundsätze eintreten. Man wird viel=

leicht geneigt ſein, ſich auf Guſtav Rümelin zu beziehen, der
in ſeiner Rede „über die Idee der Gerechtigkeit“[1]) ſagt:

> „Das Ideal der Gerechtigkeit wäre unzweifelhaft, daß
> jeder einzelne Fall, der ein Eingreifen der öffentlichen Ge=
> walt nötig machte, aus ſich heraus unter Beachtung aller
> beſonderen Umſtände und Merkmale beurteilt und ent=
> ſchieden werden könnte. Denn jeder Fall iſt ein indivi=
> dueller; keiner iſt dem andern völlig gleich und mit un=
> fehlbarer Sicherheit einer voraus feſtgeſtellten Regel
> unterzuordnen. Wenn wir uns eine göttliche Gerechtig=
> keit vorzuſtellen verſuchen, zweifeln wir nicht, daß ſie ſo
> verfahren würde und keiner Sammlung von allgemeinen
> Sätzen bedürfte. Aber“ — ſo fährt Rümelin fort —
> „dies Ideal iſt für den menſchlichen Gebrauch
> völlig unerreichbar und verwerflich.“

Solche gottähnlichen Befugniſſe für den deutſchen Richter
in Anſpruch zu nehmen, liegt auch mir durchaus fern. Zunächſt
einmal iſt — ſo ſollte man doch wohl denken — durch die
2385 Paragraphen des BGB., die 1048 der ZPO., die 905 des
HGB. (einſchließlich Seerechts) und viele tauſend und aber=
tauſend andere Geſetzesparagraphen ein jedenfalls den dringend=
ſten Bedürfniſſen genügender Damm gegen deutſche Richterwill=
kür errichtet!

Daß aber trotz dieſer Fülle poſitiven Geſetzesmaterials der
Strom des ewig wechſelvollen Lebens täglich Fälle entſtehen
läßt, deren individuelle Geſtaltung nicht eine direkte oder nicht
eine unzweifelhafte Geſetzesanwendung zuläßt, das beweiſen ja
zur Genüge die Lehrbücher, die Kommentare, die Präjudizien=
ſammlungen, deren Zweck nichts anderes iſt als der, neben
dem poſitiven Geſetzesſtoff durch Bildung von weiteren allge=
meinen Lehr= und Grundſätzen, die im Geſetzeswort ſich nicht

---

[1]) Reden und Aufſätze, neue Folge (1881) S. 197.

finden, neue Regeln, Unterregeln, Ausnahmen aus dem Gesetz
abzuleiten und dadurch hinzuführen zu der richtigen praktischen
Rechtsanwendung, welche ja das Ziel aller Rechtswissenschaft
ist. Und in dieser Rechtsanwendung muß sich dann am Ende
bewähren, ob das, was auf diese Weise durch Auslegung, durch
Ableitung von — als richtig vermeinten und als richtig aus=
ausgegebenen — Lehr= und Grundsätzen, also durch Konstruk=
tion, aus dem positiven Gesetz gefunden und dargestellt ist, sich
auch wirklich als für die Rechtsanwendung fruchtbar und förder=
lich erweist.

Bei dem starken Autoritätsglauben, der den Kommentaren
und den Spruchsammlungen von dem deutschen Richterstand
traditionell entgegengebracht wird, hat man sich wohl im großen
und ganzen seither dabei beruhigt, daß alles in Ordnung sei,
daß unter der Herrschaft des neuen Rechts die Wissenschaft, die
Auslegung gedeihe und reiche Früchte gebracht habe und solche
für die Zukunft in noch reicherem Maße verspreche. Ab und
zu mochte wohl einen Praktiker die Frage bedrücken, ob es
denn in der Tat gute und gesunde Zustände seien, wenn oft an=
scheinend ganz einfache Fragen, die das tägliche Rechtsleben
mit sich bringt, nur mit großem Aufwand von Konstruktion
und von Auseinandersetzung mit — unter sich widerspruchsvollen
Ansichten der Autoren und der zu der betreffenden Frage
erwachsenen Judikatur gelöst werden können. Als Beispiele
mögen hier dienen die Fragen nach der Natur der Wandlungs=
klage und nach der Notwendigkeit der Fristsetzung bei einer im
voraus verweigerten Annahme. In der letzteren Frage hatte
selbst der sonst so praktische Staub[1]) die formalistische bejahende
Ansicht vertreten, während das RG. sie später[2]) — ebenso wie

---

[1]) Kommentar zum HGB. 6./7. Aufl. Anm. 75 u. 92 im Exkurs zu
§ 374.

[2]) RGZ. Bd. 51 S. 350 und noch oft.

die Frage nach der Natur der Wandlungsklage[1]) — in dem
praktisch allein brauchbaren Sinne entschieden hat. Sieht man
nun aber zu, auf was denn der über diese Fragen geführte
Kampf im Ergebnis hinausläuft, so kann man doch, wenn man
den Kern herausschält, nur sagen: in der Frage der Wandlung
müßte die Annahme, es sei notwendigerweise zuerst die Vollziehung der Wandlung im gerichtlichen Urteil auszusprechen,
ehe die Rechtsfolgen der Wandlung durchgesetzt werden könnten,
zweifellos zu einem ganz unnützen, unfruchtbaren und daher
unbrauchbaren Umweg führen; — und die zweite Kontroverse
hätte niemals aufkommen können, wenn man sich einfach ge-
fragt hätte, ob denn wirklich einem rechtlich und redlich denkenden
Verkäufer, dem der Käufer die Abnahme der Ware im voraus
bestimmtest verweigert hatte, mit Fug zugemutet werden dürfe,
erst noch durch Fristsetzung einer wohlverdienten Zurechtweisung
des Käufers sich auszusetzen; denn dieser konnte nach der Verkehrsanschauung die Bezweiflung seines bereits einmal ernstlich
erklärten Willens sich verbitten.

Die Begründung der diese beiden Kontroversen entscheidenden Urteile des RG. kommt denn auch im Ergebnis auf nichts
anderes hinaus, als auf die oben angedeuteten Gesichtspunkte[2]).
Jedenfalls sind es diese Gesichtspunkte allein, die für
die praktische Rechtspflege Wert haben. Alles andere
ist zwar gelehrtes, aber überflüssiges Beiwerk, um so über-
flüssiger deshalb, weil aus den sich so nennenden „wissenschaftlichen Gründen", wie niemand bezweifeln wird,

[1]) RGZ. Bd. 58 S. 424.

[2]) Sehr gut RG. a. a. O. (Bd. 51 S. 350): „es kann nicht angenommen werden; daß im Rechtsverkehr zwecklose und überflüssige Handlungen gewollt sind". — Aus demselben Grunde erübrigt sich ein besonderes Anerbieten der Dienste durch den entlassenen Handlungsgehilfen:
Römer, DJZ. 1903 S. 340. (A. A. OLG. Bd. 7 S. 472.)

in beiden Fällen ebensogut das Gegenteil der oben
als richtig dargestellten Sätze sich beweisen ließe.

Zweifel darüber, ob wir es so herrlich weit gebracht,
mochten sich nun, wie gesagt, in diesen wie in anderen Fällen
in der Brust des Richters schon ab und zu geregt haben, als
ein Rufer im Streit auftrat, der diese Bedenken zusammenfaßte,
sie verdichtete und vertiefte, und in beredter Sprache als das
Ergebnis seiner scharf=kritischen Untersuchungen verkündete:

Unser ganzes System ist falsch. Die Urteile unserer
Gerichte beruhen auf einer scholastisch=formalistischen Me=
thode, die im letzten Grunde auf eine verfehlte Schul= und
Universitätsbildung zurückzuführen ist. Der eigentliche
Kern der richterlichen Betätigung, die Abwägung der Inter=
essen der streitenden Parteien, das „soziologische" Moment,
wird übersehen oder bestenfalls in schamhafter Form als
adminikulierendes Beiwerk dargeboten. Es muß gefordert
werden, daß von dem Richterstuhl eine soziologische
Rechtsbildung ausgehe, welche in bewußter Weise die
widerstreitenden Parteiinteressen vom Standpunkt des
besser berechtigten Interesses aus schlichtet. Diese Art der
Rechtsprechung ist die allein fruchtbare und den Bedürf=
nissen des rechtsuchenden Publikums entsprechende.
Würde nach dieser Methode verfahren werden, so wäre
Aussicht, den dürren Baum der Rechtsprechung wieder
zum Grünen, den Ruf der Weltfremdheit der Richter zum
Schweigen zu bringen.

In dieser Weise etwa dürften die Meinungen sich zusammen=
fassen lassen, welche Ernst Fuchs in seinen verschiedenen Schriften
und Aufsätzen[1]), nicht ohne heftigen Widerspruch und Ablehnung
zu finden, aufgestellt und verteidigt hat.

---

[1]) Schreibjustiz und Richterkönigtum; Recht und Wahrheit in unserer
heutigen Justiz (s. oben S. 1); ferner: Holdheims Monatsschrift 1908

Wer von Haufe aus zu der oben angedeuteten Auffaffung der richterlichen Aufgabe hinneigt, wird gern bereit fein, fich mit diefer neuen Lehre zu befreunden[1]). Wird in ihr gegen Be= ftehendes angekämpft, fo wird fie allerdings zunächft ihre Exiftenzberechtigung durch den Nachweis zu ftützen haben, daß heute die behaupteten Mängel in der Urteilsfindung vorhanden und daß diefe auf das beftehende Syftem zurückzuführen find. Erleichtert wird nun aber die Prüfung der Richtigkeit der auf= geftellten Thefen dadurch, daß Fuchs feine Behauptungen durch eine teilweife freilich ätzend=fcharfe Kritik zahlreicher reichsgericht= licher Urteile aus neuefter Zeit eingehend begründet. In alle Einzelheiten hinein kann eine Nachprüfung diefer Kritiken (fo= zufagen in fünfter Inftanz!) hier nicht erfolgen — zum ernften Studium dürfen fie jedem Richter warm empfohlen werden! —, es follen nur einige Bemerkungen gemacht und an ein paar Beifpielen erläutert werden, was bei felbftändiger Nachprüfung als berechtiger Kern der Kritik unferer gegenwärtigen Recht= fprechung anzuerkennen ift[2]).

Was die äußere Form der höchftrichterlichen Urteile be= trifft, fo ift auf fprachlichem Gebiet die Vermeidung langatmiger Sätze und Redewendungen kein neuer Wunfch. Aber noch immer

---

S. 161 ff., 265 ff.; 1909 S. 1 ff., 29 ff. (jetzt aufgenommen in das Werk: Gemeinfchädlichkeit der konftruktiven Jurisprudenz, f. unten); Württ. Zeitfchr. f. R. u. V. 1909, S. 1 ff.

[1]) Vgl. die oben abgedruckte Kritik von „Recht und Wahrheit".

[2]) Daß eine folche Kritik fich vornehmlich gerade gegen das höchfte deutfche Gericht wenden muß, ift im Grunde felbftverftändlich. Die Recht= fprechung der übrigen Gerichte ift, fo wie die Sachen tatfächlich liegen, von der reichsgerichtlichen in weiteftem Umfange abhängig, und es wird darum gewiß niemand in Abrede ziehen wollen, daß die in der Technik des Reichsgerichts fich findenden fyftematifchen Fehler, wenn folche fich nachweifen laffen, auch bei den Inftanzgerichten wiederkehren.

kommen (RGZ. Bd. 65 S. 318) Sätze von 121 Worten vor. — Die Anführung umfaſſender Zitate in den Urteilen iſt zwar für ſpätere wiſſenſchaftliche Arbeiten eine Erleichterung, ſtreng genommen gehört ſie aber nicht zur richterlichen, in erſter Linie dem Dienſt der Partei gewidmeten Aufgabe. Die Würde der Gerichte verlangt es, daß ihre Anſichten, weil ſie insgeſamt auf ſtaatliche Befehle hinauslaufen, mit Beſtimmtheit und ohne den Eindruck einer mühſamen Gedankenarbeit zu machen, vorgetragen werden. Die „maladie de doute" muß, ehe der Richterſpruch in die Öffentlichkeit hervortritt, ſchon überwunden ſein. Sie den Parteien zu offenbaren, wird beſſer vermieden. — Die Entſtehungsgeſchichte des Geſetzes zu durchforſchen, mag in manchen Fällen förderlich ſein, an die Öffentlichkeit zu kommen braucht dieſe Arbeit regelmäßig nicht.

Auf dem Gebiet des Zivilprozeſſes bieten die zahlreichen Kontroverſen vielfach keinerlei wiſſenſchaftliches Intereſſe. Die von dem Plenum des RG. auf 10 Druckſeiten behandelte[1] Frage, ob beim Tod einer nach Zuſtellung des Berufungsurteils und vor Einlegung der Reviſion verſtorbenen Partei eine Unterbrechung des Verfahrens dann eintritt, wenn die Partei durch den Anwalt der Berufungsinſtanz noch vertreten iſt, hätte mit wenigen Worten entſchieden und begründet werden können. Hier und in zahlreichen anderen prozeßrechtlichen Fällen wird keineswegs die wiſſenſchaftliche Konſtruktion den Ausſchlag geben, ſondern die Not des täglichen Lebens, und es werden wiſſenſchaftliche Ausführungen, welche dieſem Geſichtspunkte nicht Rechnung tragen, als undurchführbar und darum als unrichtig beiſeite gelegt werden müſſen. So iſt z. B.[2] der vom RG. in RGZ. Bd. 16 S. 395 aufgeſtellte Satz:

---

[1] RGZ. Bd. 68 S. 247—257.

[2] Die nachfolgenden beiden Fälle ſind von Fuchs nicht behandelt.

der Befitz einer beweiserheblichen Urkunde könne nur im Wege
der Edition, nicht durch Zeugenbeweis dargetan werden, m. E.
praktifch unbrauchbar, obwohl er in den Kommentaren weiter-
geführt wird; weshalb foll ich nicht durch Zeugen beweisen
dürfen, daß das Beftreiten des Befitzes der Urkunde durch den
Gegner eine Lüge ift, und warum follte nach geführtem Beweis
hierüber nicht zugunften des Beweisführers ein richterlicher Eid
über den Inhalt der Urkunde zuläffig fein? — Ob wohl jemals
ein Richter einen Eid, den die Partei in der erften mündlichen
Verhandlung verweigert hatte, trotzdem auferlegt hat, damit
die Partei fich über die nachträgliche Annahme des Eides, den
fie nach ihrer eigenen Erklärung nicht fchwören kann, fchlüffig
machen möge, wäre wohl intereffant zu erfahren[1]). Und was
bleibt fchließlich als Abrechnungsreft einer fo eminent „wiffen-
fchaftlichen" Frage, wie es die der berühmten Eventualauf-
rechnung ift, als die Erkenntnis, daß es eine Abfurdität wäre,
einen Prozeß in folcher Weife zu beenden, daß ein neuer Prozeß
die unausbleibliche Folge ift[2])!

Das ganze Zuftellungswefen der ZPO. zeichnet fich vor
den überall fonft (z. B. im Gewerbegerichtsgefetz, im Kaufmanns-
gerichtsgefetz) geltenden Vorfchriften durch Zweckwidrigkeit und
unfinnigen Formalismus geradezu aus und führt zu zahlreichen
Prozeßverluften, deren Koften die Parteien tragen müffen. Die
hierüber ergebenden Entfcheidungen können auf wirklich wiffen-
fchaftliches Intereffe keinen Anfpruch machen; fie find eine dem
Richter durch eine unzweckmäßige Gefetzgebung aufgedrungene
Fronarbeit.

Aus dem Gebiete des Zivilrechts ift etwa anzuführen:

_____

[1]) Nach Gaupp-Stein Bem. I 2 zu § 464 foll nur die Verweigerung des auferlegten Eides die im § 464 Abf. 2 ZPO. bezeichnete
Folge haben.

[2]) Übereinftimmend Gaupp-Stein, Bem. II a. E. zu § 300 ZPO.

In RGЗ. Bd. 64 S. 344 ist entſchieden worden, daß der § 823 Abſ. 2 BGB. im Fall des Todes eines Familienvaters durch Sturz in den ſchlecht verwahrten Dorfbach nicht als Schutz= geſetz zugunſten der Familie wirke[1]). Man wird zu dieſer Ent= ſcheidung des RG. ſagen können: Allerdings kann der Kreis der durch § 823 Abſ. 2 geſchützten Perſonen nicht zu weit ausgedehnt werden, ſonſt könnte am Ende auch noch der Staat, dem auf ſolche Weiſe ein Bürger entzogen wurde, als Verletzter mit Schadens= erſatzanſprüchen auftreten. Aber was entgegenſtehen ſoll, die ali= mentationsberechtigten Familienangehörigen als ſolche Beteiligte gelten zu laſſen, zu deren Schutz (i. S. des § 823 Abſ. 2 BGB.) die Strafvorſchrift des § 367 Ziffer 12 StGB. gelten ſoll — das vermag auch ich in der Tat nicht einzuſehen. So viel Autorität darf das höchſte Gericht des Deutſchen Reichs in Anſpruch nehmen, daß es ſeinerſeits einen ſolchen Satz verantwortet, und es wäre dies befriedigender als der Rückzug auf ein dem engſten Geſetzeswortlaut ſich fügendes „Non possumus“.

Ganz dasſelbe gilt von der Entſcheidung (Bd. 66 S. 305), wodurch mit einer höchſt unglücklichen Begründung (S. 309) der Mutter der durch ihren Liebhaber freiwillig getöteten, in der Selbſtmörderecke des Friedhofs in Düſſeldorf verſcharrten Tochter der aus dem Vermögen des Liebhabers begehrte Erſatz der Überführungskoſten nach Berlin verſagt wird. Hier ſteht das Herz der Mutter gegen den Geldbeutel des Mörders! Mußte wirklich dieſer geſchont werden?

Geradezu unmenſchlich — ich habe dieſen Ausdruck ſchon, ehe ich die übereinſtimmende Kritik von Fuchs[2]) kannte, ge= braucht — mutet es an, wenn von dem zur Teſtamentserrichtung herbeigerufenen Richter, der die Teſtatrix in gelähmtem Zu=

---

[1]) Vgl. hierzu die oben Seite 12 angeführte Kritik aus Recht und Wahrheit S. 35.

[2]) Holdheim 1909 S. 52 Sp. 1.

ſtand antrifft, dem Geſetzeswort zuliebe verlangt wird, daß er
ſich die Schreibunfähigkeit von der Sterbenden noch ausdrücklich beſtätigen zu laſſen habe[1])!

Doch genug[2])! Fragen wir uns: Was kann in allen dieſen
Fällen die Kenntnis aller Kommentare, aller Monographien,
aller Geſetzesmaterialien nützen? Sind es nicht ganz einfache,
vom Geſetz nur nicht ausdrücklich entſchiedene Fragen, deren
Antwort ſich jeder ſelbſt aus der eigenen Bruſt holen kann, um
„das Recht, das mit uns geboren", in die Tat umzuſetzen, und
zwar in den zuletzt angeführten Beiſpielen — leider! — in einem
dem RG. entgegengeſetzten Sinne?

Und es iſt leider wahr: dieſe drei „antiſoziologiſchen" Urteile ſind zwar vielleicht die ſchlimmſten, ſie ſind aber nicht die
einzigen, die als Ausfluß erſcheinen eines falſchen Syſtems, einer
engherzigen, formaliſtiſchen Geſetzesauslegung, die es ſich genügen läßt, wenn das Wort des Geſetzes auf einen Tatbeſtand
angewendet wird, auf den es nach allgemein menſchlicher Würdigung nicht paßt. Immer wieder — darin hat Fuchs recht —
zeigt ſich in unſeren richterlichen Entſcheidungen, daß ſie von
demjenigen, was ein freier, durch gekünſtelte Konſtruktionen
nicht getrübter Blick ſieht, oder was mitfühlende Empfindung
nahebringt, ſich weit entfernen.

Führt aber jene, von uns in formaliſtiſcher Schulung heran-
gewachſene, als alleinſeligmachend angeſehene Methode, bei
welcher vergeſſen wird, daß auch die Logik nur die
formale Richtigkeit des Verfahrens, nicht die Richtig-

---

[1]) RGZ. Bd. 69 S. 79.

[2]) Nur kurz möchte ich bemerken, daß ich der (in Recht und Wahrheit S. 25—88 geübten) Kritik von Fuchs ſachlich u. a. beiſtimme zu
folgenden Entſcheidungen: JW. 1907 S. 301 Nr. 3; RGZ. Bd. 65 Nr. 16;
Bd. 66 Nrn. 14, 50, 62, 67.

keit der Resultate verbürgen kann[1][2]), zu solch wenig
erfreulichen Ergebnissen, so muß eben etwas anderes an ihre
Stelle gesetzt werden. Und ist es da wirklich unbescheiden und
verdammenswert, wenn der deutsche Richter auf sein Rechts=
empfinden sich besinnt, wenn er — auch äußerlich! — voran=
stellt, was er in dem zu entscheidenden Fall als recht und
billig erkennt, und wenn er das so Gefundene nachweist als
übereinstimmend mit dem bestehenden Gesetz, welches doch die
Vermutung der Vernünftigkeit für sich hat[3]) und welches (nach
Thöls Wort) einsichtiger sein kann als der Gesetzgeber?

Die Gesetzesinterpretation muß sich, was den Wortlaut be=
trifft, eben auch dem Grundsatze fügen, der in § 133 BGB. für
die Auslegung der privaten Willenserklärungen aufgestellt ist,
und wo mit Sätzen operiert werden soll, die erst durch wissen=
schaftliche Ableitung aus dem Gesetz gewonnen werden mußten,
da darf nie vergessen werden, daß solche Sätze keine
Dogmen sind.

Äußerst treffend sagt neuestens Max Rümelin[4]):

„Zu der Ablehnung der Konsequenzziehung aus dem
Wortlaut wird man am ehesten geneigt sein, wo aus
anderen Interessenabwägungen des Gesetzes selbst sich die
Unhaltbarkeit der auf diesem Wege entwickelten Resultate
ergibt, wo man sich demnach vom Boden der Auslegung
nicht zu entfernen braucht. — Allein man wird dabei nicht
stehen bleiben dürfen, sondern wo erhebliche Werte in

---

[1]) Sigwart, Logik Bd. 1 § 2.

[2]) Der häufigste Fehler der Methode ist, daß mit dem arg. a
contrario operiert wird, wo ein Analogieschluß gemacht werden müßte,
oder umgekehrt, wie Fuchs an vielen Beispielen dartut.

[3]) Wach, Handbuch des Zivilprozesses Bd. 1 S. 258.

[4]) In seiner sehr beachtenswerten akademischen Rede vom 6. No=
vember 1908 über: „Das neue schweizerische Zivilgesetzbuch und seine
Bedeutung für uns" (Tübingen 1908, Mohr) S. 31.

Frage kommen, immer wieder die Präsumption des vernünftigen Gesetzgebers durchschlagen lassen und sagen, eine so zweckwidrige Entscheidung kann das Gesetz nicht gewollt haben. Je empfindlicher und feiner das Rechtsgefühl wird, desto weniger wird man sich bei materiell nicht einleuchtenden Entscheidungen beruhigen. So wird man denn für ein entwickeltes Recht sogar zu der Auslegungsregel gelangen können, daß nichtbedachte, insbesondere in der vorausgegangenen Praxis noch nicht berücksichtigte Interessenkollisionen im Zweifel nicht als durch die Ausdrucksweise normiert gelten können." —

Daß die Gefahr besteht, die Sicherheit der Rechtsprechung durch solch stärkere Betonung des Rechtsgefühls, wie sie hier befürwortet wird, beeinträchtigt zu sehen, glaube ich nicht; ich bin vielmehr geneigt, aus ihr eine Quelle der Verjüngung unserer Rechtsprechung entspringen zu sehen. Der übergroße Formalismus muß fallen, er muß ersetzt werden durch eine natürlichere, den Verhältnissen des Lebens gerecht werdende Auffassung und durch bewußte Hervorkehrung des in erster Linie auf praktisch befriedigende Ergebnisse ausgehenden Rechtsgefühls! —

Auf die Frage der Reformbedürftigkeit unserer Schulvorbildung einzugehen, wäre verlockend. Ich enthalte mich dessen. Daß diese Reformbedürftigkeit besteht, dürfte jedem Einsichtigen ebenso klar sein, wie daß die etwa eintretende Reform — im Wege der Ersetzung formaler Verstandesbildung durch Erziehung zum praktischen Denken und Handeln — gerade der „weltfremden" Jurisprudenz zum größten Segen gereichen müßte. Für das Universitätsstudium des Juristen wäre Vermeidung fachmännischer Einseitigkeit und zu diesem Zweck die möglichste Förderung der Berührung mit anderen Wissenszweigen zu wünschen.

So dürfen wir, zusammenfassend, wohl sagen:

Nicht ohne Grund ist die Frage nach der Kunst der Rechtsprechung neuerlich zur Erörterung gestellt. Von dem Ideal, das
ich selbst zu Anfang dieser Arbeit zu zeichnen gesucht habe, ist
sie teilweise weit entfernt. Was wir Richter in der praktischen
täglichen Arbeit bedürfen, ist nicht allein logische Bearbeitung
des sich im einzelnen Prozeß darbietenden Rechtsstoffes, sondern
ist kraftvolles Hinarbeiten auf das Ziel der Verwirklichung der
Gerechtigkeit auf dem Boden des positiven Gesetzes, ist warmes
Erfassen der Tatsachen[1]), ist innerliche Anteilnahme an den uns
vor Augen tretenden Menschenschicksalen, ist das Streben des
Sichversenkens in das, was den Parteien, diesen Patienten der
Richter, not tut, um ihnen nicht Steine des Verstandes, sondern
das Brot des hilfsbereiten Mitempfindens darzureichen. Ge-
wöhnen wir es uns endlich einmal ab, unsere Urteile als den
Tummelplatz gelehrter Auseinandersetzungen, als Fundgrube für
eine dem Laien unverständliche weitschweifige Redeweise auszubilden! Viel wäre schon gewonnen, wenn die Verfasser der
Millionen von Zivilurteilen, die jährlich im Deutschen Reich ver-
kündet werden, einig wären in dem festen Willen, von scholastischer Spitzfindigkeit, von gekünstelter Deduktion und Konstruktion
sich abzuwenden, indem sie an die Spitze dessen, was sie recht-
sprechend wirken, das Goethesche Wort setzen:

„Es trägt Verstand und rechter Sinn
Mit wenig Kunst sich selber vor.“

Dieser feste Wille wird den deutschen Richter weiter führen,
als wenn er seine Arbeit mit Pseudo-Gelahrtheit beginnt und
zu Ende führt.

* * *

Die trefflichen Ausführungen Oertmanns in seiner
Rektoratsrede vom 4. November 1908 über „Gesetzeszwang

---

[1]) Daher bietet auch die Art der Stoffsammlnng und der Ausübung der Fragepflicht ein untrügliches Kennzeichen für die Qualität des
Richters!

und Richterfreiheit" (Leipzig 1909, Deichert) find mir erst nach
Ablieferung des Manuskripts an die Redaktion der DRZ. be=
kanntgeworden. Wenn es danach scheinen könnte, als ob die
Wissenschaft schon längst auf dem Standpunkt stünde, der in
„der auch im Tone recht ungehörigen Schrift eines Karlsruher
Anwalts" vertreten wird, so muß betont werden, daß eben
doch tatsächlich unserer Rechtsprechungskunst die auch von Oert=
mann für richtig erklärte freiere Auffassung noch nicht in Fleisch
und Blut übergegangen ist, und daß dieser Beweis nur durch
die Kritik einer Reihe von Urteilen in so positiver Weise er=
bracht werden konnte, wie es durch Fuchs geschehen ist.

Wenn Oertman (S. 25) sagt:

„Daß der Inhalt der Rechtssätze sich nicht überall,
ja nicht einmal an erster Stelle mit Hilfe rein
logischer Operationen in seiner wahren Bedeutung fest=
stellen läßt, das wird heute kaum noch ernsthaft bestritten,"
so wird das — daran ist nicht zu zweifeln! — auf viele unter
uns, die bisher das Gegenteil geglaubt hatten, wie eine ganz
neue Lehre wirken. Von Herzen begrüßen wir die Worte
Oertmanns (S. 40):

„Nicht entraten sollen wir der Logik — aber mit
gleichem Ernst, in gleicher Wichtigkeit sollen wir ihr
das an die Seite stellen, was ich materielle Schulung
nennen möchte: die rechte ethische Gesinnung und
das volle Verständnis für die Erscheinungen des
Verkehrs, die wirtschaftlichen Grundlagen des
Rechtslebens."

▭

III. Das Laienelement in den Straf=
gerichten.

(„Das Recht" 1909 S. 721 ff.)

Die Fragen, die den Deutschen Richtertag in Nürnberg be=
schäftigten, sind so aktuell, daß der Schluß der mündlichen Dis=
kuffion es wohl nicht verbietet, auf sie noch einmal zurückzu=
kommen, um Gedanken auszusprechen, die durch jene Diskuffion
angeregt worden sind.

Im ganzen wird man mit der Annahme nicht fehlgehen,
es bestehe unter den Richtern eine festgewurzelte Überzeugung
dahin, daß die gelehrten Richter von den Laienrichtern nur in=
sofern Nutzen haben könnten, als die Laienrichter im Einzelfall
befähigt seien, den Berufsrichter mit ihrer praktischen Kenntnis
der Personen und Lebensverhältnisse zu unterstützen.

In der Begründung des Entwurfs zur StPO. (Reichstags=
vorlage) findet sich neben einer die ebenerwähnte Seite der Sache
berührenden Ausführung noch weiter der Satz:

> „namentlich gewährleistet ihre (der Schöffen) Mit=
> wirkung eine besonders eingehende Verhand=
> lung der Sache."

Hiergegen wendete auf dem ersten Deutschen Richtertag in
Nürnberg Landgerichtspräsident de Niem ein, daß eine ein=
gehende Verhandlung auch in den Strafkammern stattfinde, daß

der gegen diese anscheinend erhobene Vorwurf ungründlicher Behandlung daher als ungerechtfertigt erscheine und daß die durch die Mitwirkung von Laien notwendig werdende größere Breite der Verhandlung bei dem gelehrten Gericht überflüssig sei.

Dieser Ausführung mag an sich beigetreten werden.

Allein die Zuziehung des Laienelements hat noch eine andere, meist nicht beachtete Seite. Aschrott in seiner Kritik der Reichstagsvorlage[1]) drückt diesen Gedanken glücklich dahin aus: Durch die Nötigung für den Richter, infolge der Mitwirkung von Laien bei der Verhandlung und Entscheidung . . . . gründlicher vorzugehen, als es bei einem unter sich eingearbeiteten Kollegium gelehrter Richter meistens der Fall sei, werde dem **routinemäßigen Abarbeiten der Fälle** entgegengewirkt.

In der Tat bedingt die Anwesenheit von Laien auf der Richterbank von vornherein für den Verhandlungsleiter die Notwendigkeit, das Verständnis und das Interesse der Laien wachzuhalten, und bringt als Folge hiervon eine größere Lebendigkeit in die Verhandlung herein. Die gelehrten Richter haben schon Hunderte, vielleicht Tausende von Diebstahls- oder Betrugsfällen mitangehört; für sie geht vielleicht auch noch in rechtlicher Beziehung der gerade vorliegende Fall „nach cornu“. Der Laie nimmt lebhafteren Anteil an der rein sachlichen Seite[2]), und er trägt daher in solchen Fällen, die dem Juristen auch nach der rechtlichen Seite kein Interesse bieten, dazu bei, daß die Sache nicht rein schematisch erledigt wird.

Jenes von Aschrott hervorgehobene Entgegenwirken gegen routinemäßiges Abarbeiten des Falles wird aber ganz besonders

---

[1]) Beiträge zur Reform des Strafprozesses, herausgegeben von Adickes, Aschrott u. a. (Berlin, Guttentag) Bd. I, Heft 5 S. 13.

[2]) Ich habe oft bei der Kammer für Handelssachen mich nur wundern können, wie gut die Laien selbst bei umfangreichem Material die wichtigen tatsächlichen Punkte herausgehört hatten.

— und dies möchte ich hier näher ausführen — im Beratungs=
zimmer sich geltend machen.

Man vergegenwärtige sich einmal einen Fall, wie den, daß
ein Kommis durch zweimaligen Griff in eine Kaffe kleine, später
voll erfetzte Beträge, fagen wir das eine Mal 2 Mk., das nächfte
Mal 50 Pfg., sich angeeignet hatte. Meines Erachtens würde
in jedem rein gelehrten Gericht der Antrag des Berichterftatters
„fehr glatt“ durchgehen, unter Annahme von Realkonkurrenz
für den erften „schwereren“ Fall zwei Tage, für den andern
Fall einen Tag, zufammen zwei Tage [1]), auszuwerfen, während
dagegen bei Unterftellung eines fortgefetzten Delikts (alfo „bei
Vorhandenfein eines Vorfatzes, der im voraus auf die Begehung
der mehreren fukzeffiven Ausübungsakte als einer Straftat
gerichtet und fo befchaffen war, daß die auf die Ausübung der
Einzelakte gebenden Entfchließungen fich nur als Ausflüffe jenes
einen Entfchluffes darftellen“ [2]), ohne Weiterung auf einen
Tag Gefängnis erkannt werden könnte. Im Schöffengericht
würde die Sache vielleicht nicht fo kurz ablaufen. Die Schöffen
würden wiffen wollen, warum man nicht mildernde Umftände an=
nehmen und eine Geldftrafe ausfprechen könne, und würden
fich hierfür vielleicht auf einen unter ihrer Mitwirkung abge=
urteilten Fall eines Elektrizitätsdiebftahls berufen; fie würden es
nicht begreifen können, daß bei Annahme eines fortgefetzten
Delikts, deffen Definition fie nicht mit Unrecht für unverftändlich
erklären werden, eine mildere Strafe in Frage käme als bei
der Annahme zweier ftrafbarer Handlungen, obwohl doch bei
jener Annahme die Denkungsart des Täters, der von vornherein
mehrere ftrafbare Handlungen in Ausficht nahm, eine niedrigere
ift als diejenige des Täters, der mehrfacher Verführung unterlag.

---

[1]) Vgl. Olshaufen Anm. 7 litt. a β zu § 19.
[2]) RGSt. Bd. 15 S. 27.

Die Durchsprechung des Falls mit den Laien würde also dem gelehrten Richter recht eindringlich zu Gemüte führen:

1. daß es doch recht zweifelhaft ist, warum wir nicht die mildernden Umstände als allgemeinen Strafmilderungsgrund haben;

2. daß es nicht leicht einzusehen ist, weshalb wir nicht in geringen Fällen den Diebstahl mit Geldstrafe abmachen können, zumal doch der Diebstahl von Elektrizität dieser Strafart zugänglich ist;

3. daß das fortgesetzte Delikt eine graue, lebensunwahre Theorie ist, die auch einem gebildeten Laien nur schwer klar gemacht werden kann (und welche in einfachster Weise durch Erweiterung des Strafrahmens des betreffenden Delikts zu beseitigen wäre, so daß hinsichtlich der Bestrafung fortgesetztes Delikt und gleichartige Realkonkurrenz sich gleichständen);

4. daß die Praxis einer bloßen Theorie zu lieb in Gefahr gerät, die schlimmere Tat mit milderer Strafe durchkommen zu lassen als die minder schwere.

Demjenigen, der in der strafrechtlichen Praxis steht, wird es wohl nicht schwer fallen, ähnliche Beispiele in großer Menge beizubringen: ich möchte an den Versuch mit untauglichen Mitteln[1]), an den Ausschluß der Wahrung berechtigter Interessen bei

---

[1]) Fordert in dieser doch nach wie vor höchst zweifelhaften Frage der Schlußsatz des Abf. 2 auf S. 221 in RGSt. Bd. 34 nicht gewissermaßen zur routinemäßigen Behandlung der Frage auf? — Es ist soweit gekommen, daß in Urteilen der Strafkammern die Kontroverse als solche überhaupt nicht mehr erwähnt wird! — Über die Fortbildung der Lehre des Versuchs mit untauglichen Mitteln, welche jetzt nach RGSt. Bd. 42 S. 92 sogar dahin führt, wegen Versuchs auch bei irrtümlicher Annahme eines Tatbestandsmerkmals zu strafen, s. Lindenberg in DJ3. 1909 S. 738, 739.

Preffedelikten, an die rückfallbegründende Wirkung des Verweifes (RGSt. Bd. 14 S. 421, Bd. 18 S. 116) und ungezählte andere Fälle erinnern, in denen der juriftifche Verftand mehr oder weniger in Widerfpruch treten wird mit der ungekünftelten Auffaffung eines verftändigen Laien und in denen die juriftifche Konftruktion fich von Rechts wegen nur durch die ihr felbft innewohnende Überzeugungskraft behaupten und bewähren darf.

Meiner Anfchauung nach kann es nicht anders fein, als daß das Zufammenfein von Laien und gelehrten Richtern in demfelben Kollegium zu einer Bereicherung, zu einer Be= fruchtung der Rechtfprechung führen muß. Und aus diefem Grunde ift es mit Recht ausgefprochen worden, daß die fo gefchaffene Kontrolle juriftifcher Logik durch Männer aus dem Volk wünfchenswert ift [1]. Nicht daß der Schöffe X oder der Schöffe Y auf der Richterbank fitzt, ift für die Allge= meinheit wichtig, fondern daß das rein gelehrte Element in der Rechtfindung an einem ungefunden Überwuchern verhindert wird.

Es tritt alfo die fo oft hervorgehobene Unterftützung des Berufsrichters durch die Kenntniffe und Erfahrungen der Schöffen im einzelnen Fall ganz zurück gegen den angedeuteten, viel wichtigeren allgemeinen Gefichtspunkt. Es haftet eben einmal der Inftitution der gelehrten Gerichte dem Wefen der Sache nach die Gefahr der Formalifierung und allmählichen Erftarrung

---

[1] Von Afchrott in dem auf Veranlaffung der Internationalen Kriminaliftifchen Vereinigung erftatteten Generalreferat, abgedruckt in „Reform des Strafprozeffes", Berlin 1906, Guttentag, S. 60*, unter Be= zugnahme auf Moefers Satz, daß niemand verurteilt werden follte, von deffen Schuld der Richter nicht verftändige Män= ner aus dem Volke überzeugen kann. — In wefentlichen Punkten ftimmen mit den oben ausgeführten Gedanken die Ausführungen von Hellwig in Nr. 240 und 241 von „Der Tag" (13./14. Oktober 1909) überein.

an. Die Lehren der Geschichte beweisen genugsam das Vorhandensein dieser Gefahr. Sie ist darin begründet, daß die
Grundlage der Rechtsprechung gebildet wird durch die Anwendung von Rechtsregeln und die dadurch geforderte Notwendigkeit abstrakter Begriffsbildung. Diese führt automatisch und ohne
jedes „Verschulden" der das Recht anwendenden gelehrten Richter
von der Bahn natürlicher unverkünstelter Denkweise auf die
dürre Heide der Spekulation und der Konstruktion hinaus. Das
beste und wirksamste Korrektiv gegen das Überwuchern der
Schematisierung bildet aber eben die Hereinnahme von nicht-
gelehrten Richtern in die rechtsprechende Tätigkeit selbst, und
dieses Korrektiv ist wirkungsvoller und auch für den Berufsrichter
angenehmer, als die durch die Parlamente geübte Kontrolle.

Der Wunsch des Volkes, wie an der Gesetzgebung so auch
an der Rechtsprechung praktisch mitzuwirken, tritt heutzutage in
erster Linie in der Form einer politischen Forderung auf, und
nach moderner Auffassung ist diese Forderung eine berechtigte.
Wem sie aber in dieser Form nicht sympathisch ist, der möge an
der Hand der hier gegebenen Darlegung den Versuch machen,
sich mit ihr nnter dem Gesichtspunkt zu befreunden, daß sie auch
vom Standpunkte der Gesetzgebungstechnik aus sich rechtfertigen läßt. Ist sie doch ein treffliches Mittel, eine volkstüm-
liche Rechtsanwendung lebendig zu erhalten und die Rechtsprechung vor Erstarrung und Verknöcherung zu bewahren. Unter
diesem Gesichtswinkel betrachtet, braucht der Richterstand in
dieser verstärkten Zuziehung der Laien weder ein Mißtrauens-
votum gegen sich, noch eine gefährliche Verbeugung der Regierung nach unten zu erblicken. Der Ruf nach gemischten
Gerichten muß aus dem Gefühl heraus begriffen werden, daß
diese die Fähigkeit zur Gestaltung einer gesunden Rechtsbildung
in höherem Maße in sich tragen als reine Gelehrtengerichte. Für
diese Ansicht läßt sich wohl darauf hinweisen, daß manche Völker,

so die Römer und unsere germanischen Vorfahren, bereits zu
einer Zeit, wo von politischen Forderungen im heutigen Sinne
noch nicht die Rede sein konnte, aus ihrem inneren Verständ-
nisse des Rechts heraus die Volksgerichte geschaffen haben.
Vermutlich beruht auch bei den so praktisch veranlagten anglo-
amerikanischen Völkern die weitreichende Beteiligung der Laien
mit auf dieser Grundlage.

Wie dem aber auch sei, — das bleibt für mich als gewiß
bestehen, daß durch die Mitarbeit der Laien eine Belebung der
Rechtsprechung und ein auf die überkommenen Schulmeinungen
wohltätig wirkendes, in nicht seltenen Fällen richtigstellendes
Element[1]) in die Gelehrtengerichte hereindringt.

Als irreführend muß ich es daher bezeichnen, wenn Traeger
in seinem, andere Ansichten vertretenden Aufsatz[2]) behauptet:
wer die Hereinbeziehung der Laien in die Strafkammern be-
fürworte, degradiere in seinem Urteil die Berufsrichter.
Daß die Alternative: ob der Laie oder der Berufsrichter der
bessere Richter sei, überhaupt nicht diskutierbar ist, daß demgemäß eine solche Fragestellung schief wäre und daß es sich vielmehr in Wahrheit nur darum handeln kann, ob die Anteilnahme von Laien an der Rechtsprechung in gemischten Gerichten
eine Verbesserung sei oder nicht, das wurde schließlich in den Ver-
handlungen des ersten Deutschen Richtertages wohl allgemein
anerkannt, aber es wurde auch von mehreren Seiten mit Recht betont, daß es nur ehrenvoll für den deutschen Richter sei, in den gemischten Gerichten die Rolle des geistigen Führers zu übernehmen.

Wenn ich nun bei Traeger (S. 560) die Forderung aufgestellt finde:

---

[1]) Im Strafmaß können die Laien auch einer allmählich sich ein-
stellenden übergroßen Milde der strafrechtlichen Praxis (Rohheits-
delikte!) entgegenwirken.

[2]) „Das Recht" 1909 S. 563.

„daß die Rechtsauslegung der höchsten Gerichte
sich mehr noch als bisher dem volkstümlichen Empfinden anpasse",

so frage ich: wie kann denn dies besser erreicht werden, als dadurch, daß diejenigen Richter, die in das höchste deutsche Gericht
berufen werden — denn nur dieses kommt praktisch in Frage —
möglichst lange im Kontakt mit dem volkstümlichen Empfinden
durch Zusammenarbeiten mit Laienrichtern gehalten werden?
Ist nicht vielleicht gerade der Grund für die teilweise gewiß an-
fechtbare Judikatur in Strafsachen mit der Tatsache gegeben,
daß die dem Straffach vorwiegend sich widmenden Richter zwar
vor langen Jahren einmal in den Schöffengerichten über das-
jenige, wie unbefangene Beurteiler denken, Belehrung sich holen
konnten, daß sie aber dann durch oft jahrzehntelange Praxis
in den Strafkammern der oben geschilderten Routine ver-
fallen sind? Also auch in dieser Richtung kann die Heran-
ziehung von Laienrichtern in die Mittelgerichte nur förderlich
sein. —

Auf politischem Gebiet liegt dann wieder die mit den gemischten Gerichten von selbst gegebene Teilung der Verantwort-
lichkeit, welche der Staatsverwaltung im eigenen Interesse wie
in demjenigen ihrer Beamten erwünscht sein muß. Und wenn
wir Richter auch für unsere Person freudig jede uns auferlegte
Verantwortung tragen wollen, so sehe ich doch nicht ein, weshalb
wir denn mit aller Kraft einer Abnahme eines Teils der Last
von unsern Schultern uns entgegenzustemmen hätten.

In letzter Linie ist es für mich keine Utopie, als Folge der
Ausdehnung der gemischten Gerichte sogar eine Befruchtung
der Gesetzgebung in Aussicht zu nehmen. Es muß in jedem
einigermaßen feinfühligen Richter ein Gefühl der Beschämung
wachrufen, wenn er vor die Laienrichter mit einem Gesetz hin-
treten muß, dessen Bestimmungen er vor seinem eigenen inneren

Forum nicht zu rechtfertigen weiß[1]). So wird der Wunsch, das unrichtige Gesetz abgeändert zu sehen, in ihm viel reger werden, als wenn er im eigenen Kreise bleibt, wo die Macht der Gewohnheit es mit sich bringt, daß schließlich auch unbillige Gesetzesbestimmungen — wenn ich mir den bildlichen Ausdruck erlauben darf — ohne Erröten angewendet und daß zweifelhafte Ergebnisse der Judikatur als Dogma hingenommen werden. Auch die Schöffen werden in den geeigneten Fällen ihre Ansicht über die Verbesserungsbedürftigkeit des Gesetzes sich bilden und diese Ansicht in ihre Kreise hinaustragen, sie werden im Verein mit den Richtern zur Bildung einer öffentlichen Meinung in bezug auf das als ungerecht empfundene Gesetz mitwirken und so rascher, als es sonst geschehen könnte, zur Herbeiführung nötiger Reformen einen nicht unwichtigen Beitrag leisten.

Nach dieser Begründung werde ich nicht nötig haben, noch besonders zu rechtfertigen, weshalb ich auch für die Berufungsgerichte allenthalben der Beteiligung von Schöffen das Wort reden muß. Es ist m. E. ebenso unkonsequent wie ungerecht, den günstigen Einfluß der Institution der gemischten Gerichte, wenn man ihn doch einmal anerkennt, da auszuschalten, wo in zweiter Instanz das Recht gesprochen wird. Daß diese Ansicht nicht zur Zulassung der Laien in das Revisionsgericht führt, läßt sich dadurch rechtfertigen, daß die Revision grundsätzlich konstruiert ist als die Begutachtung von Rechtsfragen durch gelehrte Richter.

Auch in Zivilsachen ist aus den oben dargelegten Gründen einem weiteren Eindringen des Laienelements nicht entgegenzutreten. Ob die Allgemeinheit die ihr dadurch erwachsenden

---

[1]) Ich erinnere an das bekannte Strafminimum beim Rückfallsdiebstahl.

Laſten auf ſich nehmen will, iſt ihre Sache, nicht diejenige der Richter. Die Juſtizverwaltung aber hat zu verantworten, ob genügend taugliches Material für die Schöffengerichtsbarkeit in ſo weitem Umfang vorhanden iſt.

IV. Die soziologische Methode in der Rechtsprechung [1].

Was wir wollen, ist, daß mit praktischer
Vernunft und Sachkunde die materielle
Gerechtigkeit und nicht mit scholastischer
Spitzfindigkeit die richtige Konstruktion ge=
sucht wird.

(Ernst Fuchs, Württ. 3. f. R. u. V. 1909, S. 5.)

I.

Die erste Frage ist: Sind wir berechtigt, eine der Gegen=
wart angehörige Strömung auf dem Gebiete des Rechts anzu=
erkennen, die durch besondere Merkmale in einen so markanten
Gegensatz zu dem Herkömmlichen tritt, daß ihr eine selbständige
Bedeutung und ein besonderer Name beigelegt werden kann
und muß?

In der Tat glaube ich, daß der unsere Zeit beherrschende
soziale Gedanke und die auf ihm beruhende neue Wissenschaft
der Soziologie (oder Gesellschaftswissenschaft) den Weg auch in

---

[1]) Der Anlaß zu dieser Studie war für mich gegeben durch das
Gesuch der Redaktion der Württ. Zeitschrift für Rechtspflege und Verwal=
tung, das Buch von Ernst Fuchs, die Gemeingefährlichkeit der konstruk=
tiven Jurisprudenz, Karlsruhe, Braun 1909 (in folgendem zitiert: G. mit
Seitenzahlen) zu besprechen; aus der dort (1910 S. 1 ff.) veröffentlichten
Skizze entstand die vorliegende Abhandlung. — Desselben Verfassers
frühere Schrift: Recht und Wahrheit in der heutigen Justiz, Berlin Hey=
mann 1908, ist mit „R. & W." nebst Seitenzahlen in Bezug genommen.

das konservativste aller Systeme, in das Recht, sich gebahnt hat.
Unsere Rechtswissenschaft ist heute im großen und ganzen eine
dogmatische. Die Rechtsprechung ist im wesentlichen, wenn man
so sagen darf, eine gesetzverwirklichende: sie geht darauf aus,
kraft staatlichen Auftrags den einzelnen Fall „unter das Gesetz zu
bringen". Es wird demgemäß dem in der Gesetzgebungsaktion
zutage getretenen staatlichen Willen bis in die entlegensten Winkel
nachgespürt [1]). Praktisch werden sodann die klar vorhandenen
und eventuell die methodisch (in dialektischer Weise) ermittelten
abstrakten Rechtssätze auf der Grundlage, daß der Staat die
Anwendung des Gesetzes auf alle in Betracht kommenden Fälle
ebenmäßig verlange und gebiete, auf die Rechtstatsachen, den
Rechtsstoff, mittels Schlußfolgerungen zu übertragen gesucht.

Von diesem Prinzip ist zunächst im allgemeinen zu sagen,
daß es, in der vollen Konsequenz ausgebildet, notwendig zu
einer formalistischen Rechtsanwendung führt und daß daher eine
andere Quelle gesucht werden muß, woraus eine Ergänzung,
eine Belebung herbeifließen muß. Als solche Quelle bietet sich,
neuzeitlicher Auffassung gemäß, diejenige Betrachtungsweise dar,
die in der Erkenntnis, daß der tatsächliche Rechtsstoff stets den
Streit um rechtlich geschützte, sei es geldwerte, sei es ideale
Interessen, um „Lebensgüter", zum Kern hat, ihre Aufgabe darin
sucht, dem Verständnis dieses Interessenkampfs sachlich, d. h.
gerade durch Aufsuchung der streitigen Interessen, näherzukommen
und ihn zu schlichten durch eine Abwägung dieser Interessen vom
Standpunkt des über dem Ganzen stehenden unparteiischen Be-
urteilers, der das Einzelwohl wie das Gesamtwohl im Auge
hält. Das Einzelwohl: sofern es in den Interessen der streitenden
Parteien geschützt werden soll; das Gesamtwohl: weil dieses nicht

---

[1]) „Es fehlt nur noch die eidliche Vernehmung der Motivenverfasser
über das, was sie sich gedacht haben oder gedacht hätten, wenn sie an
einen bestimmten Fall gedacht hätten." (G. 11.)

nur wegen des öffentlichen Intereſſes an der Rechtsſicherheit,
d. h. an der gleichmäßigen Beurteilung ſämtlicher Fälle
dieſer Art, ſondern ebenſo auch wegen des Intereſſes an der
gerechten Beurteilung des (als Einzelerſcheinung eines Typus
gleichartiger Fälle zu wertenden) konkreten Falles in Mitleiden=
ſchaft gezogen iſt. Die hier gekennzeichnete Methode, welche in
ihrem Ergebnis dahin gelangt, den Primat der Begriffe durch
denjenigen der realen Intereſſenabwägung zu erſetzen, kann als
die „ſoziologiſche" bezeichnet werden. Denn es iſt zwar die
Soziologie eine ſtaatswiſſenſchaftliche Lehre, die es verſucht, die
Geſetzmäßigkeit des Lebens und der gegenſeitigen Beziehungen
der ſozialen Gruppen zu erforſchen. Jedoch wird es auch der=
jenigen wiſſenſchaftlichen Methode, die innerhalb des Privat=
rechts mit der Unterſuchung kämpfender Intereſſen ſich beſchäftigt
— und es handelt ſich ja auch hierbei wieder in weitem Um=
fang um Intereſſen kämpfender Gruppen [1]) —, nicht verwehrt
werden können, im Anſchluß an jene für ſie vorbildliche Sozio=
logie ihren Namen nach dieſem ihrem Vorbild zu wählen. Eine
ſoziologiſche Privatrechtswiſſenſchaft wäre alſo diejenige, welche
mit der Unterſuchung der durch die Privatrechtsnormen geord=
neten materiellen Rechtsgüter und ihres korrelativen Werts ſich
befaßt, ſoziologiſche Rechtfindung wäre diejenige, die in Fort=
ſetzung dieſes Gedankens bei der Betrachtung und Beurteilung
des Einzelfalls die Bedeutung der ſachlichen Intereſſen in den
Vordergrund ſtellt und von dieſem Standpunkt aus das richtige
Urteil zu finden unternimmt. Damit braucht jedoch weder das
poſitive Geſetz verlaſſen (ſ. u.) noch die Dogmatik, die man ſich
als das feſte Gerippe vorſtellen mag, über Bord geworfen zu
werden. Nur wird allerdings als Folge davon, daß bei der

---

[1]) der Arbeitgeber und =nehmer, der Produzenten und Konſumenten
(als Verkäufer und Käufer), der Vermieter und Mieter, der Makler und
der Stelleſuchenden uſw.

foziologifchen Methode im einzelnen Fall den Sachinterellen eine
höhere Bedeutung beigemellen und ihre fachgemäße Schlichtung
als erftes Ziel bewußt ins Auge gefaßt wird, eine Verfchieden=
heit des Allgemeinergebnilles der Rechtfindung nicht ausbleiben.
Die richtige Rechtfprechung wird am letzten Ende — wie Sinz=
heimer [1]) zutreffend ausgeführt hat — daraus zuftande kom=
men, daß zwifchen der Dogmatik und den foziologifchen Grund=
gedanken eine gegenfeitige Ergänzung und Durchdringung ein=
tritt. Dabei will und kann die Soziologie der die Form vor=
bereitenden Dogmatik nicht entbehren, andererfeits aber wird
anerkannt, daß die reine Dogmatik ohne foziologifchen Einfchlag
ein für das lebensvolle Treiben des Rechtslebens genügendes
Erklärungsmittel zu bilden nicht vermag und daher für fich
allein als geeignete Grundlage der Rechtfprechung ferner nicht
anerkannt werden kann.

Wennfchon, wie unbedingt einzuräumen ift, auch bisher in
der Rechtslehre und Rechtspflege die Idee von der Notwendig=
keit einer Wertung der Sachgüter und einer Abwägung der
materiellen wie der rechtlichen Interellen nicht fehlen konnte, fo
wird doch nun in bewußter Weife dahin geftrebt, diefer Idee die
ihr bisher — wie ihre Verfechter annehmen — nur in ungenü=
gender Weife zu Teil gewordene Beachtung zu erringen und ihr
zu einer ihrem Gewicht entfprechenden Bedeutung zu verhelfen.
Es foll nicht mehr das begriffsmäßig gefundene Ergebnis,
wie Ihering (S. 127) und Kohler (S. 7) dies vorfchreiben,
durch die Erwägung der Sachgemäßheit und Vernünftigkeit
kontrolliert und nötigenfalls rektifiziert, fondern es foll von Anfang
an bewußt auf das fachgemäße Ergebnis hingearbeitet werden.

Sofern fchon bisher der foziologifchen Idee in der Recht=
fprechung ein Platz eingeräumt wurde, gefchah es nur in

---

[1]) Die foziologifche Methode in der Privatrechtswillenfchaft, München,
Rieger, 1909.

verſteckter Weiſe und unter dem Banne der eingewurzelten Auffaſſung, daß das — als Träger der ſoziologiſchen Idee erſcheinende, gemeinhin aber der Willkür gleichgeſtellte — ſubjektive Gerechtigkeitsgefühl durchaus ungeeignet ſei, eine poſitive Grundlage für die Rechtfindung zu bilden. Manche ſind ſo weit gegangen (ſ. G. 125), die Ausſchaltung dieſes Gefühls aus der Rechtſprechung direkt zu fordern und die ſtillen Anhänger dieſes Verlangens ſind ſicher auch unter den Richtern zurzeit in überreicher Anzahl vorhanden. Dagegen wird an der harmloſeren „Billigkeit", welche in Wahrheit mit jenem Gefühl identiſch iſt, keinerlei Anſtoß genommen, und über- ſehen wird, daß jede Entſcheidung, die mit Treu und Glauben operiert, in Wahrheit auf ebendasſelbe Gefühl zurückführt.

Hieraus mußte die in den Urteilen der Gerichte oftmals wahrzunehmende Erſcheinung entſtehen, daß zwar im Einzelfall an die Gerechtigkeit des Richterſpruchs gedacht war, daß aber die Ausſprache hierüber in irgend eine Ecke der Urteilsgründe gedrängt wurde, und ſo mehr als Ornament, ſtatt — wie es der Wirklichkeit entſprach — als wirkliche Grundlage des Baus auf- trat [1]). Dies iſt die in den (S. 33 Anm. 1) erwähnten Schriften zu- erſt aufgedeckte und in einer ganzen Reihe von Fällen als des

---

[1]) Hierüber iſt in G. 39 vgl. 69 ſehr richtig geſagt, daß nach unſerer heutigen Praxis, obwohl auch hier ſo oft „das Ziel den Weg macht", dann die Entſcheidung rückwärts ſo begründet wird, daß ſie aus dem Geſetz oder dem Willen des Geſetzgebers herausgeleſen erſcheint, während ſie in Wahrheit hineingeleſen ſei, ſo daß hierin eine (von manchem Urteilsverfaſſer wohl ſchon geahnte, aber in ihrem Grunde nicht erkannte) innere Unwahrhaftigkeit liege, von welcher befreit zu werden angeſtrebt werden müſſe. — Ein ſehr lehrreiches Exempel (R. G. Z. 69 S. 363) iſt in G. 65, 66 näher beſprochen und möge dort nachgeleſen werden. — Als weiteres Beiſpiel führt Fuchs (G. 65) die beiden Ent- ſcheidungen über den Bordellkauf (RGZ. 63, 179; 69, 97) an, von denen die letztere offenſichtlich nur deshalb zu einem anderen Ergebnis als jene gelangte, weil das Ergebnis als das gerechtere angeſehen wurde.

realen Daſeins ſich erfreuend nachgewieſene kryptoſoziologiſche
Methode, bei der der Urteilsverfaſſer das gewünſchte ſozio=
logiſche Ergebnis in der Hand hat und den konſtruktioniſtiſchen
Weg dazu ſucht (S. 66). Mit dieſer Methode ſoll nunmehr ge=
brochen werden.

Gelingt es nun, aus der kryptoſoziologiſchen Methode die
ſoziologiſche herauszuentwickeln, welche als Ideal wohl ſchon
manchem Praktiker vorſchwebte[1]), ſo wird auch hier zur Tatſache
werden, was William Stern einmal[2]) ſo ſchön geſagt hat: „Die
großen Fortſchritte der Wiſſenſchaft beſtehen nicht in einem plötz=
lichen Hervortauchen neuer Begriffe und Ideen aus dem Nichts,
vielmehr darin, daß gewiſſen Alltagserfahrungen gegenüber, die
man ehedem ohne weiteres hingenommen hatte, ein kritiſcher
Standpunkt gewonnen, das Problematiſche an ihnen erkannt
und an die Stelle der Selbſtverſtändlichkeit das
Streben nach Verſtändlichkeit geſetzt wurde.“ —

Die ſoziologiſche Methode befaßt ſich an ſich mit der Frage
nicht, ob der Richter an das Geſetz gebunden ſei oder ſich auch
über das klare Geſetzeswort hinwegſetzen könne. Sie iſt daher
von einer wirklichen Freirechtsſchule, welche letztere Mög=

---

[1]) Ich darf wohl in dieſem Zuſammenhang die intereſſanten Worte
des früheren badiſchen Juſtizminiſters Stabel (nach S. 158) hierher
ſetzen, welcher ſeinen jungen Richtern folgendes zu empfehlen pflegte:
„Wenn ein Fall zu entſcheiden iſt, dann laßt vor allem das Geſetzbuch
geſchloſſen, ſondern wenn ihr den Fall genau kennt, dann überlegt, was
nach eurem geſunden Menſchenverſtand und nach dem Naturrecht und
der Billigkeit das richtige wäre in dieſem Falle, und erſt, wenn ihr ganz
klar ſeid, dann nehmt das Buch zur Hand — und ſiehe da! Ihr werdet
finden, daß meiſt das Geſetz ganz genau darauf paßt und garnicht anders
will als Ihr auch.“ — Es iſt wahr, daß bei Befolgung dieſer Methode
von dem unbefangenen Richter in Tauſenden von Fällen Recht und Wahr
heit auf den erſten Blick erkannt werden muß (vgl. S. 243).

[2]) Pſychologie der individuellen Differenzen, Leipzig, 1900 S. 7.

lichkeit vertritt, ihrem Wesen nach verschieden[1]). Daß sie freilich eine freiere Stellung des Richters gegenüber dem Gesetzeswort mit sich bringen muß als die rein dogmatische Auffassung,
die ihre Aufgabe nur in dem Schöpfen aus dem Gesetzeswort
findet, ergibt sich aus dem Wesen der Sache.

Gegen den allmählich sich einbürgernden Ausdruck „Modernismus" möchte ich mich entschieden aussprechen. Sofern damit
Bezug genommen wird auf eine gegenüber dem katholisch-kirch-
lichen Dogma nach größerer Freiheit ringende (und eben deshalb stark befehdete) Richtung, bringt dieses Kennwort ein nicht
wünschenswertes Element in die juristisch-wissenschaftliche Debatte
herein. Es muß vermieden werden, daß hierdurch die Schärfe,
mit welcher auf j e n e m Gebiet der Kampf um den Modernismus
geführt wird, auch in unseren wissenschaftlichen Streit hineinge-
tragen oder daß diese Schärfe unnötig vermehrt wird.

Für die Forschung entsteht nun die überaus wichtige Frage,
ob in der soziologischen Methode entwicklungsfähige Keime beruhen, die eine zukünftige Ernte in Aussicht stellen. Nur dann
wird es ihr gelingen, sich durchzusetzen, wenn das von ihr Er-
strebte sich in ein festes Gefüge bringen und wenn nicht nur ein
negativer, sondern auch ein positiver Gehalt der neuen Lehre

---

[1]) Fuchs gehört zu diesen extremen Vertretern nicht: G. 129; R.
u. W. 11. Im übrigen möchte ich den Streit über die theoretische Frage:
Gesetzesauslegung oder Lückenausfüllung? als für die praktische Rechtsfindung bedeutungslos und nur wieder zu neuem scholastischen Streit
(G. 75) Anlaß bietend ganz ausschalten. Dies auch deshalb, weil die
soziologische Methode über die Gesetzesauslegung hinausgeht und Interessenwägung auch bei an sich klarem Gesetz (z. B. bei der Anwendung
von Begriffen wie: Verstoß gegen die guten Sitten, Ausbeutung des
Leichtsinns usw.) verlangt. — Vgl. G. 131 in der Anm.: es handelt
sich . . . . nicht bloß um eine Frage der Rechtsauslegung, sondern
um eine Frage nach dem Wesen des Rechts selbst.

sich nachweisen läßt. In dieser Beziehung ist die volle Arbeit noch nicht getan. Die folgenden Zeilen wollen einen Beitrag zu dieser Arbeit liefern.

Ihren bewußtesten Vorkämpfer hat die neue Richtung in Ernst Fuchs und so haben wir uns zunächst mit ihm und seinen Ausführungen zu beschäftigen.

Daß Fuchs ein überaus kenntnisreicher, durch scharfe kritische Begabung ausgezeichneter Kopf ist, wird auch von seinen Gegnern, an denen es ihm nicht fehlt, nicht bestritten[1]). Es ist ihm auch aufs Wort zu glauben, wenn er sagt, daß es sich für ihn nicht um vereinzelte unrichtige Erscheinungen, sondern um ein falsches System handelt, dessen Früchte ihm als „haarsträubend" erscheinen (G. 63), wenn er sich auf Grund seiner Forschungen einem „Ozean von Unrecht" gegenübersieht (das. 64), wenn ihm bei den nach seiner Auffassung unrichtigen Urteilen, in denen er das gute Recht an der Scholastik scheitern sieht, das Herz blutet (das. 113 Anm. 1). Es ist nichts in dem Buch zu finden, das irgendwelchen Verdacht an der Lauterkeit seiner auf Reform gerichteten Bestrebungen aufkommen ließe[2]). Wohl aber ist unumwunden anzuerkennen, daß Fuchs' Kritik, die oft auch nicht zur Sache gehöriges (Nietzsche, Religionsfragen) heran= zieht, nicht selten weit über das Maß hinausschießt und teilweise geradezu ungerecht ist, wie z. B. seine ganze Stel= lung gegenüber dem Römischen Recht[3]) und gegenüber

---

[1]) „Höchst geistvolles Buch", sagte Vierhaus von „R. u. W." auf dem Karlsruher (29.) Juristentag (s. Verhandl. Bd. 5 S. 579).

[2]) Daß sich Fuchs im 6. Kapitel zur Frage der Prozeßlüge sehr energisch für absolute Wahrheitspflicht aussprach, gereicht ihm als Anwalt zur besonderen Ehre.

[3]) Eine Schrift wie G. ist nicht der Ort, um die ungeheure Streit= frage der Bedeutung des Römischen Rechts für Deutschland abzutun. Selbst die überzeugtesten Germanisten stehen nicht auf einem so radikalen

Ibering [1]). Aber man würde unweise und gegen die Lehre handeln
welche zu prüfen und das Gute zu behalten vorschreibt, wollte man
wegen der offenbaren Maßlosigkeit mancher Ideen und Forde=
rungen und wegen der Maßlosigkeit der Ausdrucksweise auch

Standpunkt wie F u ch s. Ich verweise auf die Licht und Schatten maß=
voll verteilenden Ausführungen bei Co f a ck, Lehrbuch 5. Aufl. Band I § 4.
Für mich sind die Römer das für alle Zeiten vorbildliche Rechtsvolk
deshalb, weil die in Rom vollendete Entwicklung der Rechtsinstitute, die
einerseits in zähem, konservativem Festhalten, andrerseits aber doch in
ununterbrochener Fortbildung sich vollzog, ohne einen Nationalcharakter,
in welchem Kraft und Ethos in wundervollem Maße gepaart war, nicht
möglich gewesen wäre: vgl. C h a m b e r l a i n, die Grundlagen des 19. Jahr=
hunderts Bd. 1 Kap. 2 S. 121 ff., bef. S. 186.   Dafür, was die Epigonen
aus dem Röm. R. gemacht haben, sind die Römer, wie in R. u. W.
S. 11 ob. richtig erkannt ist, nicht verantwortlich.   Zuzugeben ist, daß die
jetzige Misère der Begriffswissenschaft ihre Basis darin hat, daß die Lehre
des Röm. R. im Laufe der Jahrhunderte in Verknöcherung überging, und
der Losreißung von dieser von F u ch s sehr glücklich so genannten Pandek=
tologie stimme ich zu.   Was indessen mit dem in G. Anh. I abgedruckten
Abschnitt aus dem Tit. D. de aed. ed. bewiesen werden will, ist mir ganz
unverständlich.   Die dort enthaltene Kasuistik war jedenfalls für die Zeit,
da sie geschrieben wurde, als Leitfaden der praktischen Anwendung durch=
aus richtig, wie sie noch heute sehr belehrend ist.   Es wäre sehr zu
wünschen, daß in unsern Gesetzen die ratio legis überall so fein heraus=
gearbeitet wäre, wie in dem trefflichen, vollständig auf soziologischer
Grundlage stehenden § 2 der lex I! — F u ch s' Angriffe gegen das
römische Recht müssen daher als Versuch mit absolut untauglichen Mit=
teln zurückgewiesen werden.

[1]) Neben zahlreichen Stellen, an denen Iberings Ansichten offen
gebilligt werden, wird in G. 108 ein herausgegriffener Satz aus „Zweck
im Recht" (I. 200) zu einem scharfen Ausfall gegen I b e r i n g benutzt.
Dieser Ausfall verfehlt das Ziel. I b e r i n g hatte eine starke humoristisch=
satirische Ader. Es lag ihm natürlich ferne, die bewußte Heiratsjägerei
zu befürworten. Er bespricht die Verbindung der reichen Frau mit dem
hochgestellten Beamten als eine durch unsere Verhältnisse gegebene reale
Tatsache, als eine Erscheinung auf dem Markt des Lebens, welche
dem Staat in der Niedrighaltung der Beamtenbesoldungen zu Hilfe

diejenigen Darlegungen von der Schwelle weisen, die in höchst beachtenswerter Weise namentlich uns Richter zu strenger Selbst= einkehr und zur Nachprüfung des eigenen Wirkens und Schaffens aufrufen und reformatorische Ziele von weittragendster Be= deutung in Aussicht stellen [1]).

Den Ruhm, Begründer einer völlig neuen Lehre zu sein, nimmt Suchs nicht in Anspruch. Als solchen bezeichnet er viel= mehr (R. u. W. 10) den Franzosen Gény, während von Düringer (Recht 08 S. 259) für Ehrlich die Priorität in Anspruch genom= men wird. Diese Frage mag hier auf sich beruhen. Auch die Durchforschung der sonstigen Literatur mußte ich, um des praktischen Zweckes willen, zurückstellen. Ein dankbares Feld für die wissenschaftliche Forschung ist hier eröffnet.

Die Neuheit der Ergebnisse der hier besprochenen For= schungen dürfte sich aus meiner weiteren Darstellung von selbst ergeben.

---

komme. Wer diese ironisch gemeinte Stelle für brutal hält, hat sie gänzlich mißverstanden. — Die an „Zweck im Recht" geübte Kritik ist nach meiner Auffassung total verfehlt. Ein Mann, der zum erstenmal das Römische Recht nicht nur nach der Seite der Form, sondern nach seinem realen Inhalt durchforscht und erklärt —, der als erster (in „Scherz und Ernst") der Konstruktionssucht den Spiegel vorgehalten, der die Definition: „Recht ist rechtlich geschütztes Interesse" aufgestellt und der durch seine Ergrün= dung der im Recht enthaltenen Interessen, welche dessen Zweck bilden, als ältester Ahnherr der soziologischen Methode gefeiert werden wird, schreibt keine Werke, über die man mit „Hohn und Spott" zur Tages= ordnung übergehen kann. — Auch der Angriff Kohlers (Rechtsphilo= sophie S. 16) wird Iherings mit der jetzt einsetzenden Bewegung noch unendlich fruchtbar sich erweisende Bedeutung nicht erdrücken.

[1]) Mit oft gehörten Reden wie: Suchs sei wegen seiner Über= treibungen nicht ernst zu nehmen, eine Kritik seiner Kritik sei überflüssig, und dgl., kommt man — wie ich zeigen werde — nicht durch.

II.

Die Kritik des gegenwärtigen Standes der Lehre (der Theorie) und der Rechtsprechung in Deutschland wäre an sich in der Weise durchführbar, daß bei der L e h r e eingesetzt und von dort aus zu einer Kritik der aus dieser Schule hervorge= gangenen und deshalb von ihr abhängigen Praxis fortgeschritten würde. Ein anderes Verfahren dagegen könnte die P r a x i s selbst zum Ausgangspunkt sich wählen, um von hier aus Rück= schlüsse auf die Lehre zu ziehen. Wird hierbei durch Analysierung einer größeren Anzahl gerichtlicher Urteile nachgewiesen, daß diese vermittels einer bestimmten gleichartigen Methode gefunden worden sind, und wird diese Methode als unrichtig dargetan, so werden auch in der Lehre diese Fehler zu finden und im weiteren Verfolg dann i h r e Ursachen zu ergründen sein.

Es steht also ein deduktives und ein induktives (exaktes) Verfahren zur Entdeckung etwaiger Fehlerquellen zu Gebote.

Dieses letztere Verfahren hat für den, der es wählt, das Be= denken, daß es auf eine Kritik und eventuell auf eine Bekämpfung der einflußreichen reichsgerichtlichen Judikatur hinauslaufen muß, da die an ihr geübte Kritik am sichersten den Typus der heutigen Rechtsprechung als solchen trifft[1]). Andrerseits aber ist mit diesem Verfahren der hoch einzuschätzende Vorzug gewonnen, daß sich bestimmte greifbare Ergebnisse herausstellen lassen, die eine sichere Grundlage für die weitere wissenschaftliche Erörterung zu bilden geeignet sind.

Der letztere, bisher nirgends in diesem Umfang einge= schlagene Weg, welcher gerade für den zur praktischen Rechts=

---

[1]) Die Frage, ob es nicht geboten ist, zur Wahrung der Autorität der Rechtsprechung diesem ganzen Verfahren den Krieg zu erklären, habe ich mir nach reiflicher Überlegung verneint.

anwendung Berufenen ein ganz besonderes Interesse bietet, ist
nun von Fuchs mit der bewußten Absicht betreten worden,
nicht einzelnes Irrige und Verfehlte zu bekämpfen, sondern durch
das gesammelte Material auf positiver Grundlage die Unrichtig=
keit der herrschenden Methode im allgemeinen nachzuweisen.
Damit gewinnt er den großen Vorteil, daß eine Auseinander=
setzung mit ihm, soweit sie den Anspruch erhebt, eine wissenschaft=
liche zu sein, sich der Aufgabe nicht entziehen darf, zu der Frage
Stellung zu nehmen, inwieweit seine Kritik der einzelnen unter
die Lupe genommenen Urteile als eine sachlich berechtigte an=
erkannt werden muß [1]). Ich habe bereits an anderer Stelle [2]) aus=
gesprochen, es erscheine mir als unmöglich, die Berechtigung der
Fuchs'schen Kritik nicht in vielfachen Punkten rundweg anzu=
erkennen und ich brauche hiervon nichts zurückzunehmen.

Es läßt sich indessen nicht vermeiden, in die Einzelheiten
einzugehen und zunächst einmal Schritt für Schritt das von
Fuchs gesammelte Material zu prüfen. Ich beginne mit den in
R. u. W. zusammengetragenen Fällen.

An erster Stelle (S. 25 ff.) bemängelt Fuchs die Stellung,
welche das Reichsgericht im Geltungsbereich des code civil in
der von dem französischen Kassationshof in musterhaftem sozio=
logischem Verständnis ausgebildeten Lehre vom dommage moral
eingenommen habe. Diese Kritik dürfte sachlich gerechtfertigt
sein (vgl. noch hierzu G. 53, 54) und selbst Düringer [3])
scheint in diesem Punkt beistimmen zu wollen. Es folgt (S. 27)
eine Besprechung eines Urteils vom 10. Juni 1907 (Jur. W. 07,
480 Nr. 2). Die von Fuchs hier aufgestellte Forderung geht
dahin, es sei ein Schadensersatzanspruch des Hausvaters bei

---

[1]) An dieser wissenschaftlichen Aufgabe teilzunehmen, können sich
auch die Richter der dem Reichsgericht nachgeordneten Gerichte nicht
nehmen lassen.

[2]) Württ. Zeitschr. für Rechtspflege und Verwaltung, 1. Jahrg. 1908
S. 467; Deutsche Richterzeitung 1909 S. 98 ff. (beides oben abgedruckt).

[3]) Richter u. Rechtsprechung Leipzig Veit 1909 S. 17 Anm. 2.

ſchuldhafter Tötung ſolcher Hauskinder begründet, welche tat=
ſächlich, wenn auch nicht auf Grund geſetzlicher Alimentatspflicht,
dem Hausvater bisher ihren Arbeitsverdienſt ganz oder teilweiſe
abgegeben hatten (wie dies im beſprochenen Fall zutraf). M. E.
muß hier, wenn auch der Wortlaut des § 844 Abſ. 2 BGB. den
Fall nicht deckt, nach den allgemeinen Schadenerſatzgrundſätzen
(§ 249 BGB) dem Vater eine Entſchädigung zugebilligt werden.
Er wäre ſonſt ſchlechter geſtellt, als wenn man ihm ein nutz=
bringendes Haustier getötet hätte. Nur würden die ſpeziellen
Vorſchriften des § 844 Abſ. 2 hinſichtlich der Dauer der Ent=
ſchädigung uſf. nicht direkt in Anwendung kommen. Daß das
Geſetz zu dem entgegengeſetzten Ergebnis zwinge, iſt nicht
anzuerkennen. Die von Fuchs gegebene Erwägung, daß bei
gegenteiliger Annahme einem durch die Mithilfe ſeiner zahl=
reichen Kinder auf dem Weg zum Wohlſtand befindlichen Vater
alle Söhne und Töchter ohne Schadenerſatz abgeſchoſſen werden
könnten, ſollte doch eine inſoweit genügende Beweiskraft haben,
daß die Richter es auf ſich nehmen, die weitherzigere Geſetzes=
auslegung zu verantworten [1]).

---

[1]) Wenn hier (S. 28) Fuchs in ſeiner heiligen Überzeugung davon,
daß in der Frage des dommage moral eine bedauerliche Inferiorität der
deutſchen gegenüber der franzöſiſchen Rechtſprechung ſich gezeigt habe
und daß in dem an zweiter Stelle erwähnten Rechtsfall die richtig ver=
ſtandene Auslegung dem Vater des ſchuldhafterweiſe getöteten Kindes die
ihm gebührende Entſchädigung gebracht hätte, zu dem Ausruf ſich hin=
reißen läßt: „Der Feurioruf drängt ſich einem allerdings auf die Lippen,
aber nicht gegen die ſchöpferiſche, ſondern gegen die eunuchenhafte Juris=
prudenz“, ſo bin ich der Letzte, der ſolche Entgleiſung nicht auf das Leb=
hafteſte mißbilligen würde, aber auch der Letzte, der den Autor dieſes
grimmigen Ausbruchs, dem das nicht unberechtigte Gefühl zugrunde
liegt, die deutſche Rechtſprechung laſſe in derartigen Fällen die nötige
ſchöpferiſche Geſtaltungskraft („der höchſte Wert“ G. 187) vermiſſen, mit
dem großen Bann zu belegen ſich für berechtigt halten möchte. — Auch
in G. 63. 64 findet ſich ein ſchlimmer contempt of court, welcher Rüge
verdient.

In dem nächstbehandelten Fall (R. u. W. 28) — f. RG3. 64
Nr. 81 S. 323 — wird der mit Zuftimmung des Ehemanns
klagenden Ehefrau bei Geltung des Güterftands der Verwal=
tungsgemeinfchaft der Nachweis zugemutet, daß das eingeklagte
Recht zu ihrem und nicht zu ihres Ehemanns Vermögen gehöre
und behufs Erörterung diefer Frage die Sache an das Berufungs=
gericht zurückverwiefen. Diefer ganze Streit wäre mit dem
Fuchsfchen Satz (R. u. W. 31): „Da der Mann als Haupt der
ehelichen Gemeinfchaft dem Prozeß zugeftimmt hat, können alle
diefe juriftifchen Spitzfindigkeiten auf fich beruhen," definitiv zu
erledigen gewefen[1]).

Nun folgt in R. u. W. (S. 32—37) die Befprechung des
Urteils aus RG3. 64 Nr. 85 S. 344, worin verneint wird, daß
die Familie eines durch den Sturz in den nicht gehörig ver=
wahrten Dorfbach verunglückten Hausvaters auf den § 823 Abf. 2
BGB. vgl. § 367 Nr. 12 StGB. fich berufen dürfte, weil diefe
Beftimmung des StGB. eine Schutzvorfchrift nur im Verhältnis
zu dem Verunglückten felbft, nicht aber für die Familie darftelle.
Dies wird — mit Recht — bekämpft[2]), und weiterhin wird der
Entfcheidungsgrund, es fei durch den Tod des Familienhaupts
noch nicht einmal ohne weiteres ein Vermögensfchaden erwiefen,
mit guten Gründen kritifiert.

Auf S. 40—46 wird in R. u. W. in materieller (nicht aber
formeller) Übereinftimmung mit RG3. 64 Nr. 90 S. 366 dargelegt,
wie das Ergebnis jener Entfcheidung (wonach der gemäß §§ 383,
384 BGB. zur Hinterlegung befugte Verfteigerer ftatt der Hinter=

---

[1]) Daran ändern Düringers Ausführungen (Recht 08 S. 264)
nichts (vgl. G. S. 44—46, wo auch Düringers verräterifches: „Was
hat das Mitleid mit der Revifionsinftanz zu tun?" niedriger gehängt
und betont wird, daß wenn diefe Frage verneint wird, der Kompaß des
Rechtsempfindens nach falfcher Richtung weift).

[2]) Vgl. meine Ausführung in der Deutfchen Richterzeitung 1909
S. 100/01 (ob. S. 17).

legung an den Gläubiger zahlen und folglich auch beim Vorhandensein einer ihm zustehenden Gegenforderung sich selbst,
statt zu hinterlegen, durch Aufrechnung befriedigen darf), in ein-
facher Weise begründet werden könnte (S. 48).

Die folgende Frage, ob bei Ausübung des dem Mieter im
Falle des § 542 BGB. zustehenden Kündigungsrechts der Vermieter schadenersatzpflichtig ist (R. u. W. S. 50—52, RG3. 64
Nr. 93 S. 381) scheint mir nicht so zweifelsfrei zur Bejahung reif,
wie Fuchs dies (in Übereinstimmung mit dem Reichsgericht
gegen das Kammergericht) annimmt. Ist es nicht gerade vom
sozialen Standpunkt aus ungerecht, dem Vermieter, etwa dann,
wenn ihn an dem Unbrauchbarwerden keine Schuld trifft, für
allen Schaden haften zu lassen? Kommt es in dieser Frage
nicht überhaupt, wie man im Hinblick etwa auf § 628 BGB.
meinen sollte, auf das (vom Reichsgericht nicht erörterte) Ver-
schuldungsmoment an?

In dem Fall JW. 07 S. 301 [7] (R. u. W. 54—59) möchte
auch ich der Ansicht beitreten, daß die begriffliche Notwendigkeit
nicht zu dem ganz unbefriedigenden Ergebnis führen kann, daß
der Erwerber eines Hauses, das der Vorbesitzer über die Grenze
in sein eigenes Nachbargrundstück hinein gebaut hatte, zum
Niederreißen verpflichtet wäre, daß hier vielmehr die Anwendung
des § 912 BGB. (Duldung des Überbaus gegen Geldrente) angezeigt ist.

In der Frage der replica compensationis (RG3. 66 Nr. 62
S. 266) stehe ich ebenfalls (wie R. u. W. 61, 81, 82) auf dem
Standpunkt ihrer Zulässigkeit. Es ist doch für jeden Unbefangenen klar, daß bei der Einklagung eines Teilbetrags einer
größeren Forderung eben der Restbetrag dieser Forderung als
eingeklagt gilt, und daß demgemäß im Fall der teilweisen Aufrechnung der Beklagte nach Treu und Glauben sich die Anrech-
nung auf den nicht eingeklagten Teil gefallen lassen muß. Den
Gläubiger zu nötigen, sich zunächst auf Grund der Aufrechnung

abweisen zu lassen (oder die Klage zurückzunehmen), um wegen
des nicht im Prozeß befindlichen Teilanspruchs neu zu prozessieren,
ist doch wahrlich nichts anderes als Prozeßschikane und die darf
und soll der Richter abschneiden. Die Rechtsprechung hat sich
g e g e n, nicht f ü r den Schikaneur zu erklären.

Die Frage der compensatio lucri cum damno ist in der
in R. u. W. S. 66 besprochenen Entscheidung (RGZ. 65 Nr. 16
S. 57) auch m. A. n. nicht richtig entschieden. Dasselbe gilt von
dem Fall JW. 09 713 [8] (G. 282).

In der Frage der Tierhalterhaftung gegenüber dem aus
Gefälligkeit mitgenommenen Fahrgast RGZ. 65 Nr. 75 (R. u.
W. 67) bin ich mit S u c h s der Ansicht, daß das höchste Gericht
von Anfang an zu dem richtigen Rechtssatz hätte gelangen
sollen, daß von der Warte des Gesetzgebers aus dem Fahrgast
der Verzicht auf Entschädigung deshalb anzusinnen ist, weil er
selbst im gleichen Falle als Tierhalter den Entschädigungsanspruch
des Fahrgastes als ein unbilliges und unanständiges Verlangen
empfinden würde. Die „Ergänzung des fehlenden Willens" in
RGZ. 67, 64 ist (G. 104) nichts anderes als eine F i k t i o n,
an Stelle der in Wahrheit hier eintretenden r i c h t e r l i c h e n
Rechtfindung. Von Tatsachenprüfung ist in solchem Falle keine
Rede mehr.

Die frühere Judikatur des RG. in der viel besprochenen
Frage des Eigentumsvorbehalts an Maschinen (R. u. W. 68
Anm. I, G. 121), worin durch das Urteil vom 2. November 07
(JW. 1908 S. 2 Nr. 1) eine totale Frontänderung ohne Plenar-
entscheidung eintrat, bedeutete in ihrer Wirkung eine nicht ge-
rechtfertigte Begünstigung der Hypothekengläubiger auf Kosten
des Maschinenlieferanten. (Der in Bewegung gesetzte wissenschaftliche Apparat ist zum weitaus größten Teil überflüssiges
Beiwerk).

Der Fall aus RGZ. 66 Nr. 14 S. 42 (R. u. W. S. 72 ff.,
G. 49 ff.) verlangt hier seiner besonderen Schwierigkeit wegen

eine ausführlichere Besprechung. Es handelte sich darum, daß ein zehn Jahre alter Knabe, der dem Gesetz zuwider (G. O. §§ 135, 154a) als Arbeiter in einem Kohlenbergwerk beschäftigt wurde, bei Vornahme der gewerblichen Arbeit mehrere Finger einer Hand eingebüßt hatte. Es entsteht nun die Frage: gilt auch ein gesetzwidrig angestellter Arbeiter im Sinne des Gewerbeunfallversicherungsgesetzes als versichert oder nicht? Im ersteren Fall erhält er zwar die diesem Gesetz entsprechende, nicht sehr hohe Entschädigung durch die Berufsgenossenschaft, ist aber mit allen weiteren Ansprüchen gegen den Unternehmer ausgeschlossen, im anderen Fall hat er zwar alle Ansprüche gegen den (vielleicht vermögenslosen) Unternehmer, bekommt aber von der Genossenschaft nichts. In beiden Fällen drohen ihm also Gefahren. Das RG. stellt sich grundsätzlich — und ich halte dies (gegen Fuchs) an sich für zutreffend — auf den ersteren Standpunkt, im Grunde wohl in der sozial richtig gedachten Annahme, man müsse in diesen Fällen die verunglückten Jugendlichen durch Zulassung des Entschädigungsanspruchs gegen die zahlungsfähige Genossenschaft wenigstens für den dem Unfallversicherungsgesetz entsprechenden Betrag sicher stellen. — Nachdem in jenem konkreten Fall der Knabe im schiedsgerichtlichen Verfahren mit der Begründung, bei Nichtigkeit des gesetzwidrigen Anstellungsvertrags bestehe keine Haftung der Genossenschaft, mit seinen Ansprüchen gegen die Genossenschaft rechtskräftig abgewiesen war, wies das Reichsgericht nun, in Konsequenz des von ihm eingenommenen gegenteiligen Standpunkts aus, die vor dem Zivilrichter erhobene Klage des verletzten Knaben auch gegen den Unternehmer ab, wobei allerdings die wie nach dem veröffentlichten Teil des Urteils zu schließen vom RG. nicht erörterte Nichtanwendung des § 135 Abs. 3 Gewerbeunfallversicherungsgesetzes bisher unaufgeklärt ist. Nach dieser Stelle sind die ordentlichen Gerichte an die Entscheidungen der Schiedsgerichte gebunden und es hätte sonach das Reichsgericht anſcheinend zur Haftung des Unternehmers gelangen müſſen. Vielleicht beruht die Nichtanwendung auf der Anſicht, daß die Rechtskraft im Sinne des § 135 Abſ. 3 nur die Frage der Haf= tung oder Nichthaftung der Genoſſenſchaft betreffe, dagegen d i e Frage nicht entſcheide, ob die ordentlichen Gerichte, die als Konſequenz der ſchiedsrichterlichen Entſcheidung reſultierende Haftung des Unternehmers, wenn dieſe nach ihrer (der Gerichte) Anſicht n i c h t beſtünde, trotzdem auch poſitiv anzuerkennen hätten. Dieſer Anſicht könnte indeſſen vom ſoziologiſchen Standpunkt aus nicht beigetreten werden: denn, daß im konkreten Fall der durch Schuld des Unternehmers Geſchädigte überhaupt nichts bekommt, wie es im vorliegenden Fall höchſt bedauerlicherweiſe eintraf, kann unmöglich im Sinne des Geſetzes liegen[1]).

---

[1]) Über dieſen Fall hat ſich zwiſchen Meuret (Württ. Zeitſchrift für Rechtspfl. u. Verw. 1908 S. 667 ff.) und Fuchs eine Kontroverſe entwickelt, worüber G. 49 ff., ſowie dieſelbe Zeitſchrift 1909 S. 1 ff. nachzuleſen iſt. Es mag dazu bemerkt werden: § 135 Abſatz 3 enthält ganz gewiß nicht, wie Meuret anzunehmen ſcheint, eine Verfahrens= norm im Sinne der §§ 559, 554 Ziffer 2 b ZPO. und wenn der Kläger die Entſcheidung des Schiedsgerichts als r i c h t i g akzeptierte, konnte man ihm doch nicht zumuten, im Voraus — für den Fall, daß das RG. dieſe Anſicht nicht teilen würde, die Verletzung des § 135 Abſ. 3 zu rügen! Mehr als die Verletzung des § 823 BGB. brauchte der Kläger nach § 554 Ziff. 2a ZPO. nicht zu rügen. Dieſe Geſetzesvorſchrift war auch dann durch Nichtanwendung verletzt, wenn ihre Anwendung auf dem Umweg über § 135 Abſatz 3 Gew.=Unf.=Geſ. gefunden werden mußte. Einer Anführung d i e ſ e r Geſetzesſtelle durch den Kläger bedurfte es n i c h t. — Weiterhin dürfte aber (G. 52 unt.) überhaupt in Frage kom= men, ob die Befreiung des Unternehmers vom weitergehenden Erſatz, auch wenn die Berufsgenoſſenſchaft haftet, nicht d a n n zu verſagen wäre, wenn die Verwendung von Kindern geſetzwidrig erfolgt und dadurch „das ſozialethiſche Reichsgeſetz in doloſer Weiſe verletzt wurde", ſo daß alſo, was völlig gerecht wäre, die B e f r e i u n g nur auf Grund geſetz= m ä ß i g e r Arbeitsverträge zugeſtanden würde. — In dem Fall, wenn der Verletzte garnicht „Arbeiter" war, gelten die allgemeinen Grundſätze

Im Fall der Verweigerung eines mehrere Eidesthemen in unkorrekter Weise umfassenden Eides muß es (R. u. W. 78, zu E. 66 Nr. 50) möglich sein, die durch Mißverständnis entstandene totale Verweigerung in der Berufungsinstanz zu beseitigen. Wie dies zu begründen ist, mag im einzelnen Falle ausgefunden werden.

Einige weitere Kritiken (R. u. W. 74—82) die sich teilweise auf Urteile der Berufungsgerichte beziehen, können hier über= gangen werden. Ich komme zu dem Fall E. 66 Nr. 67 (R. u. W. 82 ff.) und gehe hier mit Fuchs dahin einig, daß praktische Rücksichten und die Billigkeit verlangen, daß der Verkäufer einer mangelhaften Sache, wenn er auf Schadenersatz belangt wird, den Entschuldigungsbeweis führen muß und daß die vom RG. ausdrücklich als maßgebend bezeichnete „rechtliche Konstruktion" nicht entscheidet.

Über die Unrichtigkeit der Entscheidung (RGZ. 66 Nr. 71, R. u. W. 84), wonach der Mutter der getöteten Tochter die Überführungskosten der Leiche an den Heimatsort von dem Mörder nicht zu erstatten sind, habe ich mich schon an einer andern Stelle (D. R. Z. 1909 S. 101) ausgesprochen [1]).

Zu dem Fall in E. 66 Nr. 75 (R. u. W. 86) sollte man mit Fuchs annehmen, daß die von dem Berufungsgericht als üblich bezeichnete Auslegung der Klausel „mit allen Rechten und Lasten" gegenüber den theoretischen Erwägungen darüber, welchen Sinn das BGB. und „der allgemeine juristische Sprachgebrauch" mit dem Ausdruck Lasten verbindet, den Ausschlag hätte geben müssen.

Ich gehe nun über zur Besprechung der in G. Abschnitt 2 (S. 27 ff.) besprochenen Urteile.

Zu RGZ. 66 Nr. 80 (G. 27): Es wird allerdings richtiger sein, dem Bürgen auch die Minderungseinrede zu versagen, wenn der

---

über Schadenhaftung, also mit Ausschluß der Entschädigungspflicht der Genossenschaft, was in der obenerwähnten Kontroverse mehrfach über= sehen ist.

[1]) Oben S. 17.

Käufer nicht mindern will oder nicht mindern kann. Eine begriffliche Nötigung zur Anerkennung einer differenzierten Behandlung von Wandlung und Minderung im Verhältnis des
Hauptschuldners zum Bürgen kann nicht anerkannt werden.

In RG3. 67 Nr. 43 (G. 29) wirkt es verletzend, daß der auf
den Eid der Mutter hin als Vater eines unehelichen Kindes ver-
urteilte Mann, obwohl die Kindsmutter nachträglich wegen
Eidesverletzung gestraft wurde, bei versäumter Restitutionsklage
gegenüber der Alimentenklage des durch den Vormund vertretenen Spurius sich auf § 826 BGB. nicht soll berufen können.
Es mag übrigens auf die richtigere Auffassung des I. Straf-
senats in RGStr. 34 S. 282, 283 hingewiesen sein, mit der sich
der VI. Zivilsenat nicht auseinandergesetzt hat. „So hoch man
die Heiligkeit rechtskräftiger Urteile stellen mag, sie muß ihre
Grenze an der verbrecherischen Unheiligkeit haben" (G. 30).

Die bekannte Strenge des RG. in Fragen der Wiedereinsetzung in den vorigen Stand feiert in E. 67 Nr. 53 (G. 31,
32 und nochmals mit eingehender zutreffender Begründung
S. 87—91) gegen die Billigkeit einen erneuten Triumph; dasselbe gilt von der Entscheidung JW. 08, 277[16] (G. 32, 33).

Das in G. 33 angeführte Urteil aus JW. 08, 280[20] wird
m. E. doch der Wechselstrenge gerechter als die gegenteilige
Auffassung von Fuchs. Adolf M. konnte sich persönlich
wechselmäßig obligieren. Daß der Wechsel irgendeine Beziehung
zu der Firma „Adolf M." habe, deren Prokurist Adolf M.
war, mußte aus dem Wechsel selbst hervorgehen.

Zu G. 40, 41 ist zu bemerken: Die Annahme von Fuchs,
das RG. habe in RG3. 64 Nr. 37 S. 155 eine sachliche Prüfung der
Gründe der gegen den betreffenden Arzt im ehrengerichtlichen
Verfahren ergangenen Verfügung zu Unrecht unterlassen, ist
nicht richtig. Eine solche sachliche Prüfung war von dem Kläger
wie aus S. 158 a. a. O. hervorgeht, nicht gewünscht.

Die in G. 41, 42 von Fuchs getadelte Unterscheidung hinsichtlich der Vollziehung einer Unterschrift durch einen Bevollmächtigten oder durch einen nur mechanisch die Unterschrift beisetzenden Schreibgehilfen (bei vorgeschriebener Schriftlichkeit vgl. RG3. 50 S. 51, 58 S. 387) ist im Gesetz begründet. Ließe man die Beisetzung der Unterschrift auch im letzteren Fall (durch einen Schreibgehilfen) genügen, so bliebe in der Tat von dem Erfordernis der „eigenhändigen" Unterschrift in § 126 Abs. I BGB. nichts mehr übrig. Derartige auf den ersten Blick auffällige Unterscheidungen lassen sich in keinem Rechtssystem vermeiden.

Zu dem G. 42 mitgeteilten schwierigen Fall (RG3. 57, 60) enthalte ich mich einer Äußerung.

Die Ausführungen G. 46, 47 (vgl. noch 74 ob.), erbringen an dem Fall, wenn vom Gläubiger der Eintritt des Grundstückskäufers als persönlicher Schuldner genehmigt wird, obwohl die Anzeige nach § 416 Abs. 2 BGB. den dort genannten „Hinweis" nicht enthielt, worüber zwei widersprechende Reichsgerichtsurteile (Gruchots Beiträge 49, 354, RG3. 63 S. 42) vorliegen, den positiven Beweis, wie mit der konstruktiv-dialektischen Methode tatsächlich sowohl die eine als die diametral entgegengesetzte Ansicht „bewiesen" werden kann. Daß die letztgenannte Entscheidung die „greifbar richtige" ist und mit zwei volkstümlichen natürlichen Sätzen zu rechtfertigen gewesen wäre, wird wohl allgemein einleuchten.

Auf die im dritten, vierten und fünften Abschnitt der „Gemeinschädlichkeit" (S. 57—204) besprochenen Urteile an anderer Stelle zurückzukommen behalte ich mir vor.

Was die in G. Anhang IV. (S. 277 bis Schluß) angeführten Urteile des RG. betrifft, so wird die Kritik, welche dort an einer Reihe von aufgehobenen Urteilen der Berufungsgerichte geübt wird, wohl zunächst aus diesem Grunde als sachlich berechtigt gelten könne. Einer Reihe von Urteilen des RG. wird dort im Ergebnis zugestimmt. Nicht einig gehe ich mit

G. 277, 278, sofern dort die Urteile RGЗ. 68, Nr. 80 und 82
mißbilligt werden. Diese reichsgerichtlichen Urteile halte ich für
richtig. Dagegen stimme ich mit Fuchs überein in der Ver-
neinung der Richtigkeit zu JW. 09, S. 24 [23], 25 [24] (G. 296, 297)
und S. 72 [6], 75 [9] (G. 308, 309), sowie in der Kritik der Begründung zu E. 68 Nr. 79 (G. 277). Wenn in der Entscheidung
RGЗ. 69 M. 9 (G. 284, 285) das Testament der gelähmten
Witwe Schmidt für ungültig erklärt wurde, weil der Richter sie
nicht hatte er klären lassen, daß sie nicht mehr schreiben könne,
so halte ich das nicht für richtig (vgl. ob. S. 17, 18). Auch nach
meiner Ansicht liegt hier eine unerhörte Übertreibung des Formalismus (G. 285) vor, und ich bleibe der Kritik gegenüber dabei,
daß ein solches Urteil inhuman wirkt. Das Urteil hat übrigens
wohl allgemeine Ablehnung gefunden [1]).

Nicht dagegen gehe ich mit Fuchs (G. 304, 295) einig in
der Kritik zu (a) JW. 09, Nr. 12, (b) JW. 09, Nr. 22, und zwar
zu a: weil ich es nicht für richtig halten kann, daß die sozialen
Gründe, welche den Rechtssatz „Kauf bricht Miete" bei der
Miete verbieten, auf den wesentlich anders gearteten Jagdpacht-
vertrag Anwendung zu finden hätten, zu b: weil ich der Ansicht
bin, daß eine mit § 717 Abs. 2 ЗPO. konkurrierende (richtig: mit
diesem § völlig kongruente) Widerklage, welche das RG. zuläßt, wegen des in dieser Richtung mangelnden Rechtsschutz-
interesses überhaupt unzulässig ist, und daß deshalb der höhere
Streitwert für eine Widerklage nicht in Betracht kommen kann.

Trifft man in diesem Anhang auf die von Fuchs beige-
gebenen Lösungen den mitgeteilten Urteilen im soziologischen
Geist [2]), so meine ich, es müsse doch in jedem, der sich durch die

---

[1]) Vgl. Danz DJЗ. 09. S. 100, 101, Hellwig das, S. 426.

[2]) З. B. S. 308 zu JW. S. 55 [25] u. a. St. Hervorheben möchte
ich den vorletzten Absatz auf S. 291, wo kurz und gut gesagt ist: wenn
der Ehemann zum Gesamtgut erwerben und bezahlen kann, so muß
er auch für den Erwerbspreis an dem gekauften Grundstück
eine Sicherungshypothek bestellen können.

Künfteleien der Berufungs= und Revifionsurteile mühfam durch=
gearbeitet hat, die befreiende Hoffnung rege werden, es werde
der gefunde Menfchenverftand[1]), der ja bisher, fo oft er auch
anpochte, von den Pforten des Themistempels zurückgewiefen
wurde, nun endlich feinen feftlichen Einzug in diefem Tempel
halten.

Von dem in G. Anhang II. (S. 266) abgedruckten „Pro=
feffioren=Affefforen=Urteil" ift unumwunden zuzugeben, daß es in
nicht zu ferner Zeit einmal tauglich fein wird, als foffiler Über=
reft einer dann längft überwundenen Methode in einem jurifti=
fchen Naturalienkabinett vorgezeigt zu werden[2]).

Das in G. Anhang II (S. 271) wiedergegebene „wiffen=
fchaftliche" Urteil des OLG. Karlsruhe halte ich mit Fuchs
(G. 321) für unrichtig. Wenn jemand eine Sache mit dem Be=
ding verkauft, daß fie nur gegen Barzahlung abgegeben wird,
fo kann und darf es unter keinen Umftänden dahin kommen,
daß er — fei es dem Käufer, fei es deffen Rechtsnachfolger —
gegenüber zur Abgabe ohne Barzahlung verurteilt wird. Diefer
Mann muß eine gegenteilige Entfcheidung, mag fie noch fo ge=
lehrt begründet fein, als „Rechtsraub" (G. 321) empfinden. In
dem gegebenen Fall entfprach der Sachlage durchaus die An=
nahme, daß die Übergabe von der Leiftung der Reftzahlung
bedingt fein und der Eigentumsübergang vorher nicht ftatt=
finden follte. Das hätte den tatfächlichen Verhältniffen ent=
fprochen, das unbillige Ergebnis wäre vermieden worden.

Die bisher aufgeftellte Lifte von Urteilen, welchen Fuchs
Tadel fpendet, könnte den Anfchein erwecken, daß diefen Kritiken
Gehäffigkeit zugrunde liege, und in der Tat ift dies Fuchs
fchon vorgeworfen worden. Dies ift m. E. ungerechtfertigt. Dem

---

[1]) Gefunder Menfchenverftand in Sachen des Rechts und richtiges
fubjektives Rechtsgefühl find identifche Begriffe.

[2]) Übrigens wolle beachtet werden, daß das Urteil vom OLG.
Karlsruhe aufgehoben wurde. (G. 220 Anm.)

deutſchen Richter als ſolchen widmet Fuchs (S. 22, 8) hohes
Lob, und wo er ſoziologiſch richtige Urteile findet, hebt er dies
ausdrücklich und mit Freuden hervor (z. B. S. 30, 34 ff.,
55 unt., 66 ff. und viele andere Stellen, beſonders markant
S. 236 in der Anm. und S. 283). Sämtliche glücklichen
Urteile ſind nach ihm (S. 73) die, die ohne jeden Wort-
götzendienſt „gegen die handwerksmäßige Pandektologie, alſo
nach dem von der hergebrachten Schablone ungehinderten
Rechtsempfinden, ſachkundig gefunden" wurden.

Zum Beleg hierfür möchte ich ſelbſt an die befreiend
wirkenden Urteile erinnern, worin die von der Verwaltung des
Kaiſer-Wilhelms-Kanals im fiskaliſchen Intereſſe aufgeſtellten
Haftungsbeſchränkungen gegenüber den den Kanal durchfahrenden
Schiffen als Monopolausbeutung und daher als geſetzwidrig bezeichnet worden ſind[1]), ferner an zahlreiche Urteile, in denen
Handelsmißbräuche (wie Beimengung minderwertiger oder un-
brauchbarer Ware unter die gute) für unverbindlich erklärt
wurden. Auch im Gebiet des Prozeſſes hat das Reichsgericht
ſich ſeine ſchönſten Lorbeeren da erworben, wo es durch ſtrenge
Durchführung des Grundſatzes der Fragepflicht (§ 139 ZPO.)[2])
und durch den konſequenten Kampf gegen den Verſuch der
Untergerichte, angebotene Beweiſe abzuſchneiden[3]), auf eine
eingehende Erforſchung des materiellen Sachverhalts hingewirkt
und dadurch einem echt ſoziologiſchen Gedanken, die allem
vorangehende Notwendigkeit der eingehenden Erforſchung des
tatſächlichen Rechtsſtoffes, wider den Formalismus ſeine Hilfe
geliehen hat.

---

[1]) E. 62, 266; 68, 358.

[2]) Einer der Glanzpunkte der Rechtſprechung des RG.: Schneider,
Die richterliche Ermittelung des Sachverhalts 1888 S. 109.

[3]) Dies hat das RG. „in verdienſt- und verſtändnisvoller Weiſe
konſtant durchgeſetzt": R. Schmidt, Lehrbuch des ZP. § 72 II. 2 c.

III.

Ich glaube, diese eingehende Überprüfung der von Fuchs besprochenen Judikatur ist genügend, um nunmehr zur Beantwortung der Frage überzugehen:

handelt es sich hier um vereinzelte Fehlsprüche unter den (jährlich in der Zahl von ca. 2500 ergebenden) reichsgerichtlichen Urteilen, und trifft dasselbe zu [auf die zahlreichen, von Fuchs in Übereinstimmung mit dem Reichsgericht abgelehnten Entscheidungen der Gerichte I. und II. Instanz?

Nein! sondern es handelt sich in der Tat um eine falsche Methode. Diese falsche Methode zeigt sich in allen Fällen, in denen unbefriedigende, und um der Wahrheit willen muß das Wort ausgesprochen werden: ungerechte Urteile zustande kamen, und sie zeigt in allen diesen Fällen das übereinstimmende Merkmal, daß die Urteile gefunden worden waren auf Grund einer zweifelhaften Argumentation aus dem Gesetzeswort oder einer lebensunwahren begrifflichen Konstruktion, unter Hintansetzung des vernünftigen, sachgemäßen Ergebnisses und unter Hintansetzung der Billigkeit, m. a. W.: ohne genügende Befragung des subjektiven Rechtsgefühls[1]). Denn wo, wie in zahlreichen der besprochenen Fälle, schon beim Lesen der Urteile der Zeiger dieses Gefühls nach der Seite der Unlust, des Schmerzes, des Zornes ausschlägt, da kann man jedesmal sicher sein, daß schutzwerte Interessen vor geringeren auf der Gegenseite vorhandenen Werten die Segel streichen mußten oder daß sie dem Formalismus zum Opfer gefallen sind. In allen diesen Fällen hätte dagegen die freiere Auslegung des Gesetzes oder des Parteiwillens, die Beiseitelassung der lebensunwahren Kon-

---

1) Vgl. unten S. 60 ff.

struktion, die den Verkehrsanschauungen entsprechende Inter=
essenwägung, die richtige geringere Veranschlagung der Form
den berechtigten Interessen der Partei zum Siege verholfen!

Und so erkennt man, daß die Ansicht, mit begrifflicher
Rechts= und Gesetzeskunde und ebensolcher Gesetzesanwendung
auszukommen, ein Wahn ist, daß dabei das eigentliche Ziel
verfehlt, die materielle Gerechtigkeit tausendfach gekränkt wird,
und daß damit überhaupt nicht weiter zu kommen ist als dahin,
daß immer wieder unter einem gewissen Schein des Rechts in
der verhängnisvollsten Weise geirrt wird [1].

Es muß also das Wesentliche der Rechtfindung an einer
anderen Stelle liegen, als wo es bisher gesucht wurde.

Das Wesen der Rechtsprechung ist in Wahrheit
die gerechte Ordnung der realen Interessen und Lebens=
güter. Die heute herrschende scholastisch=dialektische Methode,
welche auf Grund von Buchstabeninterpretation und unter=
stützender Konstruktion es unternimmt, ohne richtige Abwägung
der Interessen und ohne genügende Berücksichtigung des ver=
nünftigen Ergebnisses die Entscheidungen als logische Schlüsse
aus dem Gesetz herauszuziehen, ist verfehlt. Man befindet
sich auf falschem Wege, wenn man verkennt, daß es nicht die
Aufgabe der Rechtsprechung ist, die Interessen, denen sie dienen,
denen sie sich anschmiegen soll, nach einer schematischen Form
in ein Prokrustesbett zu zwängen, und ein verhängnisvoller
Irrtum ist es, wenn man auf solchem Wege zu einer Rechts=
sicherheit zu gelangen hofft, die auf diesem Wege niemals zu
erreichen ist!

---

[1] Das Verdienst, diesen Beweis auf Grund seiner induktiven
Methode in geradezu glänzender Weise geführt zu haben, kann Suchs
mit Recht für sich in Anspruch nehmen.

Denn wenn irgend etwas, so ist dies sicher: alle die erwähnten, materiell ungerechten Entscheidungen sind in zweifellos
juristisch scharfsinniger, vom Standpunkt der formellen Logik aus
durchaus unanfechtbarer Weise begründet [1]). Damit ist also
erwiesen, daß die herrschende Methode der Rechtfindung, die
logische Beweisführung aus dem Gesetz, nicht richtig funktioniert.
In der überwiegenden Mehrzahl der Fälle läßt sich eben —
das ist wohl offenes Geheimnis! — aus dem Gesetz mit Hilfe
logisch korrekter Konstruktionen und Schlußfolgerungen ebensowohl
die eine Meinung als ihr Gegenteil begründen. In Kollegien,
wo die Entscheidungen doch sehr häufig durch Majoritätsbeschluß
erfolgen, würde (G. 39) „die überstimmte Minderheit die entgegengesetzte Entscheidung mit genau so schönen pandektologi-
schen Argumenten aus dem Gesetz begründen". Ist dies aber
wahr, so kann man wirklich zu der Ansicht gelangen, daß unsere Entscheidungen „Zufallsprodukte juristischer Konstruktionistik"
sind. (G. 39.)

Die Rechtsprechung muß sich also darüber klar sein, daß
das Bewußtsein, mit formell richtigen logischen Schlüssen ·aus
dem Gesetz das Recht abgeleitet zu haben — woran sie sich
bisher genügen ließ —, ein trügerisches ist, daß das unter dem
Eindruck sozialer und soziologischer Gedanken geschärfte Rechtsgefühl unserer Zeit in erster Linie eine gerechte, unter Abwägung der sachlichen Interessen getroffene Entscheidung im
Sinne einer vernünftigen und verständlichen Regelung und
Ordnung der vor den Richter gebrachten Rechtsverhältnisse verlangt, und daß demgemäß diese Entwirrung nur geschehen kann
durch die Hand eines Richters, der bewußt in erster Linie das
gerechte Resultat unter kontrollierender Funktion des positiven
Gesetzes aufgesucht hat. „Die Rechtssicherheit beruht nicht auf

[1]) Ja es werden oft (G. 146/147) die soziologisch falschen und ungerechten Urteile mit größerem konstruktivem Scharfsinn gefunden als
die soziologisch richtigen.

der lotteriespielähnlichen Pandektologie, sondern einzig und allein auf der Persönlichkeit und Sachkunde des Richters[1]." „Die Ausschaltung der vollen Persönlichkeit des Richters im Interesse eines Sicherheits= und Gleichheitswahns ist rechtsnatur= widrig und macht unsere Rechtsprechung konstruktionsmechanisch und lebensunwahr"[2].

Die Zulässigkeit der Verwertbarkeit des subjektiven Rechts= gefühls für die Rechtsprechung gilt nun aber heutzutage ziem= lich allgemein für verpönt. Das Rechtsgefühl wird der Will= kür gleichgestellt und als brauchbare Grundlage des Richter= spruchs mehr oder weniger bestimmt geleugnet.

Die Existenz des subjektiven Rechtsgefühls in Abrede zu ziehen, würde aller Erfahrung widersprechen. Dieses Gefühl besteht so sicher wie das Gewissen, mit dem es durch innere Verwandtschaftszüge verbunden ist. Daß es durch konstante Übung und Disziplinierung gesteigert und gefestigt werden kann, wußten schon die Römer, wenn sie von der constans et perpe= tua voluntas jus suum cuique tribuendi sprachen. Welche Ver= kehrtheit aber wäre es, jenes Gefühl gerade da auszuschalten, wo es in hervorragendster Weise zu wirken berufen ist! Und gerade beim Richter, der kraft seines Berufs dieses Gefühl zu pflegen und in sich auszubilden die Pflicht hat! Können denn im Alltagsleben die Menschen die vielen Millionen Rechtfindungen, die nicht zum Richter führen — es ist dies überhaupt der wichtigste Teil des gesamten Rechtsstoffs —, anderswoher nehmen als aus ihrem natürlichen Sinn und ihrem Gerechtig= keitsgefühl? Befragt in seinen Rechtssachen der anständige Laie etwas anderes als „seine Erfahrung, seinen gesunden Sinn und sein Gewissen, das bekanntlich auch mit den an einem

[1] G. 84.
[2] G. 188, 189.

Kreuzweg Stehenden deutsch spricht"?[1] Und der Richter sollte
grundsätzlich anders verfahren müssen? Er, der nach Kleins
Wort berufen ist, den Parteien zu sagen, was sie hätten tun sollen,
ehe sie zu ihm kamen[2])? Es sollte also in dieser Beziehung
eine unübersteigbare Schranke zwischen Rechtsverkehr und Recht=
sprechung errichtet sein? Es sollte dem Richter obliegen, dem
Rechtsverkehr, statt ihm zu geben, was sozusagen in ihm selbst
liegt, etwas in ganz andrer Weise, nämlich auf dem Weg der
Spekulation und der Konstruktion aus dem Gesetz Gefundenes
aufzuoktroyieren? Sind denn die Gesetze nicht überhaupt nur der
Niederschlag des vernünftigen wirtschaftlichen und personenrecht=
lichen Verkehrs? Hat man nicht schon vorher getauscht und
gekauft, ehe ein Gesetz vorschrieb, welche Pflichten aus diesen
„Geschäften" für die Beteiligten hervorgehen?[3]) Sollte etwa
Zeppelin mit der Eroberung der Luft warten, bis der „Luftweg=
verkehr" in geordnete Normen und Paragraphen gebracht war?[4])
Wo soll bei gesetzlich nicht=geregelten Rechtsverhältnissen der
Richter die Entscheidung der entstehenden Kollisionen hernehmen
als aus der Billigkeit[5]) an der Hand der Interessenwägung?

---

[1]) s. G. 11.

[2]) Ebendas.

[3]) Vgl. die treffliche Stelle aus den Motiven zu dem Verlagsgesetz
vom 19. Juni 1901 bei Danz S. 24 (das Gesetz wolle kein neues Recht
schaffen, sondern das in Übung befindliche Recht... feststellen — gerade=
zu der Typus der Rechtsbildung!)

[4]) G. 58.

[5]) Allerdings ist die Billigkeit insofern von dem subjektiven
Rechtsgefühl unterschieden, als in ihr das allgemeine Rechtsgefühl vorgestellt wird. Deshalb kommt Schmölder, Die Billigkeit
(Hamm Griebsch 1907) S. 35 dahin, Billigkeit und Volksgefühl zu identi-
fizieren. Aber weiterhin (S. 56) anerkennt er ausdrücklich, daß die Billigkeit für die Rechtfindung in das Gefallen (placitum) des einzelnen Richters
auslaufe und das Recht in Abhängigkeit von der subjektiven Denkweise
des Richters bringe. Hieraus folgt: erkennt die Rechtsordnung die

Und wie soll das subjektive Gerechtigkeitsgefühl da ausgeschaltet werden, wo das Gesetz geradezu darauf verweist ("wichtige Gründe"; "gute Sitten"; "Treu und Glauben")? Welche Verblendung, dem Richter die Ausschaltung des subjektiven Gerechtigkeitsgefühls anzusinnen. Nein! Will man nicht eine geradezu ungeheuerliche und unerträgliche Diskrepanz in die Sache hineintragen, so muß man anerkennen, daß die Rechtfindung des Richters tunlichst in derselben Weise sich vollziehen muß wie die Rechtfindung des täglichen Verkehrs, also eben mit Zuhilfe=nahme des subjektiven Rechtsgefühls.

Und hierfür spricht noch ein anderes, nämlich das, daß diese den gelehrten Richtern so merkwürdig vorkommende Art der Rechtfindung schon jetzt tatsächlich bei uns in weitem Umfang besteht, nämlich in den gesetzlich anerkannten Laien=gerichten. In der Tat wird ein Laiengericht niemals anders vorgehen, als daß es sich zunächst ein Bild davon macht, was im einzelnen Fall vom Standpunkt des die Verhältnisse nach Billigkeit schlichtenden verständigen Ordners aus zu geschehen hat, und dann erst wird es fragen, ob es diese Entscheidung von Gesetzes wegen treffen darf. In den Kammern für Handels=sachen — in welcher Beziehung ich aus Erfahrung spreche —,

---

Billigkeit als Faktor der Rechtsprechung an — und das Verlangen ihrer Ausschaltung aus der "ars aequi et boni" ist völlig undenkbar —, so läßt sie in gewissem Grad den richterlichen Subjektivismus gelten, ohne den die Ermittlung dessen, was billig ist, unmöglich wäre. Was aber diesen richterlichen Subjektivismus betrifft, so darf nicht verkannt werden, daß die durch das Studium des Rechtsganzen und seiner inneren Zu=sammenhänge gewonnene Einsicht (beispielsweise hinsichtlich der Nützlich=keit der Formvorschriften und der Notwendigkeit ihrer praktischen Durch=führung) zu einem Produkt führt, in welchem jene Einsicht mit dem ur=sprünglichen Rechtssinn eine eigenartige Verschmelzung eingeht, welche der Jurist im einzelnen Fall so wenig wiederaufheben kann, wie ein Sachverständiger, z. B. der einen Krankheitsfall begutachtende Arzt, seine Sachkenntnis auszuschalten vermöchte.

wird es für den Vorsitzenden kaum tunlich sein, anders zu verfahren, wenn er, wie es geschehen soll, sich zur Aufgabe gesetzt
hat, die Beisitzer von der Richtigkeit des Spruchs zu überzeugen. Wollte man behaupten, daß diese in den Laien-
gerichten geübte Art der Rechtsprechung grundsätzlich unrichtig
sei, so müßte geradezu eine vollkommene auf keinem Weg
lösbare Duplizität der in Deutschland zulässigen Rechtfindung
angenommen werden! —

Neben dem Formalismus, welcher unter Ausschaltung des
Rechtsgefühls den Rechtsstoff einfach durch Subsumtion unter
das Gesetz bewältigen möchte, kommt aber noch ein zweites
Moment in Betracht, das die formalistische Methode wesentlich
beeinflußt: es ist die theoretische Auffassung des Zivilurteils als
solchen.

Über die Natur des Zivilurteils wissen uns die Prozessua-
listen im allgemeinen mehr nicht zu sagen, als daß ein Urteil
die auf Grund obligatorischer mündlicher Verhandlung ergebende
richterliche Schlußentscheidung sei. In materieller Beziehung geht
die vorherrschende Auffassung des Zivilurteils dahin, der Richter
habe den Einzelfall „unter das Gesetz zu bringen“, zu sub-
sumieren. Nach Savignys Vorgang wird gelehrt, das Urteil
sei ein logischer Schluß, worin das Gesetz den Obersatz, das
tatsächliche Faktum den Untersatz, die Entscheidung den Schlußsatz bilde. Hierüber ist man — jedenfalls in der Praxis —
nicht hinausgekommen. Man denkt sich die Sache so, daß,
wenn man das Faktum festgestellt, das Gesetz ermittelt habe,
nun die Entscheidung sozusagen von selbst herausspringe.

Das Wesen des Urteils wird als deklarativ aufgefaßt.
Nach Gaupp-Stein[1]) soll das Urteil sein „der Ausspruch, was
in materieller oder prozessualer Beziehung Rechtens ist“, und
„nur selten“ wäre die Entscheidung „zugleich ein Imperativ

---

[1]) Vorbemerkung vor § 300.

(was Rechtens sein soll)", nämlich bei den sog. Rechtsgestaltungs=
klagen.

Hier nun liegt m. E. einer der Grundirrtümer, woran die
Rechtsprechung krankt. Es ist unrichtig, daß das Urteil in
seiner wesentlichen Bedeutung einem logischen Schluß gleichsteht[1]).
Das Urteil ist nicht bloß logischer Schluß, es ist Betätigung der
staatlichen Macht im Interesse der rechtlichen Friedensordnung,
und der Richterspruch muß allüberall den Charakter der staat=
lichen Willensakte tragen, kann also nichts anderes als Be=
fehl sein, weil sich eben staatlich autoritative Willensakte in
keiner anderen Eigenschaft denn als Befehle denken lassen.

Dies ist auch von F u c h s klar erkannt: „Die hergebrachte
Vorstellung ist die, daß der Jurist zunächst den Obersatz aus dem
Gesetz und dessen Materialien feststellt, dann den Tatbestand
darunter bringt und endlich die Entscheidung als logische Schluß=
folgerung hervorzieht. I n   d e r   E r k e n n t n i s   d e r   i n n e r e n
U n w a h r h e i t   u n d   U n w a h r h a f t i g k e i t   d e r   h e r g e =
b r a c h t e n   S c h u l s c h a b l o n e   i s t   d a s   g a n z e   W e s e n   d e r
i n d u k t i v e n   R e c h t f i n d u n g   e i n g e s c h l o s s e n". (S. 43.)

Gerade aber mit der hier als irrtümlich gekennzeichneten
Auffassung des Urteils ist eine Prämisse geschaffen, von der
aus die dialektische Methode zur Anmaßung einer ihr nicht zu=
kommenden Vorherrschaft geradezu herausgefordert wird. Ganz
anders, wenn man das Urteil als Befehl, als staatlichen
Willensakt, auffaßt. Damit ist schon von vornherein die Mög=
lichkeit einer dialektischen Ableitung dieses Willens aus dem
Gesetz ausgeschlossen. Die Bedeutung des Gesetzes für die
Rechtfindung tritt aber dadurch von selbst in die ihr durch die
Natur der Sache auferlegten engeren Schranken zurück. Denn

---

[1]) B ü l o w: Gesetz und Richteramt, Leipzig 1885 S. 5 ff.; Gmelin:
Die Vollstreckbarkeit, Tübingen, Laupp 1898 S. 48. (Vgl. R. u. W. 81:
„Autoritativ kategorische Aussprüche", auch S. 35.)

nun darf der Richter beim Auffuchen des richtigen Urteils nicht
mehr von der Vorstellung sich leiten laffen, als ob in den Tat=
sachen ein Rechtsstoff schlummere, den er nur aus dem Gesetz
hervorzuholen habe. Er muß sich vielmehr bewußt sein, daß
es seine Aufgabe ist, durch seinen Willensakt die vor den
Richterstuhl gebrachten Rechtsgüter gerecht zu ordnen, die Sach=
güter gerecht zu verteilen. Er muß dessen eingedenk sein, daß
er dazu da ist, den Parteien zur Verwirklichung derjenigen
Interessen zu verhelfen, welche sie durch ihre Rechtshandlungen
wahrzunehmen gedachten und auf deren Durchführung sie eine
vom Gesetz nicht mißbilligte Anwartschaft haben, und daß
den Parteien, wenn sie ohne ihr Zutun in Rechtsbeziehungen
geraten sind, der einer vernünftigen und sachgemäßen Regelung
entsprechende Schutz angedeihen zu lassen ist. Es muß
daher in erster Linie, innerhalb der Grenzen
des positiven Rechts, der Wille des Richters auf
das vernünftige und gerechte Ergebnis einge=
stellt werden[1]).

Hierbei nun tritt die Interessenabwägung dem Richter
unterstützend zur Seite. Sie ist kein Phantom, sondern eine Reali=
tät. Denn was zu wägen ist, die materiellen Güter, sind in Wirk=
lichkeit vorhanden und für den, der nur zugreifen will, mit der
Hand zu fassen. Die Interessenabwägung aber bildet den festen
Stützpunkt für das subjektive, den Willen bestimmende Gerechtig=
keitsgefühl, und für die Interessenabwägung bildet hinwiederum
die allgemeine Verkehrsanschauung eine im weitesten Umfang
wirksame Hilfe. Wo aber eine Verkehrsanschauung sich noch
nicht gebildet hat, da ist es Aufgabe des Richters, sie zu schaffen

---

[1]) Nicht verkannt wird, daß die hier geforderte Gesetzestreue
bei ganz einfachen Tatbeständen dem subjektiven Ermessen keinen Spiel=
raum läßt.

und so sie zu bilden, wie er als Gesetzgeber sie gestalten würde [1].

An den tatsächlichen Rechtsgütern, an den Interessen, an der Verkehrsanschauung und dem Verkehrsbedürfnisse findet also das subjektive Gerechtigkeitsgefühl einen zuverläffigen Anhalt. Dem durch diese realen Faktoren geleiteten Gefühl wird nun der Richter ein ganz anderes Gewicht, als er es seither wagte, zubilligen und umso mehr darauf verzichten dürfen, seine Aufgabe in einer ängstlichen Nachforschung nach einem vermeintlich in den Tatsachen latent vorhandenen Rechtsstoff zu finden.

So zeigt sich die ganze richterliche Aufgabe als verschoben. Von den hier vertretenen Standpunkt aus stellt sie sich wie folgt dar:

Mittels des im Richter vorhandenen subjektiven Gerechtigkeitsgefühls, welches durch den Gesichtspunkt der sachgemäßen, d. h. die Verkehrsanschauung berücksichtigenden Abwägung der streitigen Parteiinteressen geleitet wird, hat der im Urteil sich verwirklichende staatliche Wille zu einer gerechten Entscheidung zu führen, d. h. zu einer solchen, welche, soweit nicht das positive Gesetz entgegensteht, unter allen Umständen den Anforderungen von Treu und Glauben im Rechtsverkehr und den Bedürfnissen des praktischen Rechtslebens gerecht werden und bei Abwägung der widerstrebenden Interessen dem besser begründeten, schutzwürdigeren Interesse zum Sieg verhelfen muß.

---

[1] In verschiedenen Urteilen des RG., namentlich in der bekannten Entscheidung vom 2. Nov. 07 über den Eigentumsvorbehalt an Maschinen ist dieser Gesichtspunkt verkannt und wird eine in Wahrheit nicht bestehende Verkehrsanschauung zu ermitteln versucht.

Liegt die im Vorstehenden geschilderte Auffassung der Urteilstätigkeit, wie ich nicht bezweifle, in der Richtlinie dessen, was Fuchs (vgl. S. 19) anstrebt, und was er nur in dieser Fassung noch nicht ausgesprochen hat, so stehe ich nicht an, in dem so gefundenen Ergebnis den Weg zu einer völligen Um= gestaltung der jetzt herrschenden theoretischen Erfassung der zivil= rechtlichen Urteilsaufgabe und damit der praktischen Recht= findung zu erblicken [1]).

Ist die hier vertretene Ansicht richtig, so ist dem als frucht= los erkannten Versuche der dialektischen Ableitung der Ent= scheidung aus dem Gesetz der Abschied zu geben, und es kann an seinen Platz treten der nun von der ersten in die zweite Stelle hinabrückende Nachweis der Gesetzmäßigkeit, m. a. W. der Nachweis, daß die Entscheidung innerhalb des Gesetzes liegt.

Es erbringen also nunmehr — man möchte fast sagen: unter Verschiebung der nach der seitherigen Anschauung dem Urteilsverfasser obliegenden Beweislast — die Entscheidungs= gründe in erster Linie den Nachweis, daß die im Urteil vollzogene Verteilung der Sach= und Rechtsgüter sachgemäß und gerecht ist — gerecht auch in dem Sinn, daß die Entscheidung, sofern die zu entscheidende Sache als Typus imponiert, sich innerhalb des bestehenden allgemeinen Rechtszustands als Norm für Fälle dieser Art eignet [2]). — Im übrigen aber wird dem Gesetz selbst

---

[1]) Daß diese Auffassung neu ist, muß so lange behauptet werden, als nicht nachgewiesen wird, daß schon jetzt die bewußte soziologische Rechtfindung in der Praxis verwirklicht ist.

[2]) Mit diesem Zwischensatz möchte ich ein Bedenken widerlegen, daß mir durch eine Ausführung Max Rümelins (Bernhard Windscheid Rektoratsrede 1907 S. 37) erweckt wurde. Rümelin sagt nämlich: „Den Vorwurf des Formalismus hört man sodann auch bisweilen erheben gegen alle diejenigen, die darauf bestehen, daß die Einzelentscheidungen, die der Jurist trifft, aus irgendwelchen allgemeinen Sätzen ab=

in dieser Darlegung d i e Stellung eingeräumt, daß der Richter zu
zeigen hat, wie das Gewollte und Befohlene in den Schranken
des positiven Gesetzesrechts sich hält (daß also die für den
Fall in Betracht kommenden Normen nicht mit Notwendigkeit
zu dem gegenteiligen Ergebnis führen), und d a ß demgemäß

---

geleitet werden, die verlangen, daß man sich nicht bei einem instinkt=
mäßigen Erfassen des Richtigen im konkreten Fall, einem Anempfinden,
einer Rechtskunst, oder wie es sonst genannt werden mag, beruhige.
Nun ist ja wohl richtig, daß man in praxi vielfach ohne ein vorläufiges
instinktmäßiges Tasten, das der Laie Urteilen nach dem gesunden
Menschenverstand zu nennen pflegt, nicht auskommt, und daß gerade
das juristische Genie bei solcher Tätigkeit sich besonders glänzend be=
bewährt. Ebenso sicher aber ist, daß weder die Wissenschaft, noch auch
der einzelne Richter sich dabei zufrieden geben darf. Auch der letztere
muß eine begründete Entscheidung abgeben und zu diesem Zweck die
allgemeine Regel suchen, mag dieselbe nun im gegebenen Recht be=
gründet sein oder, wo dieses Lücken aufweist, von ihm selbst in gesetz=
gebungsähnlicher Gedankenarbeit aufgestellt werden.“ — So sehr ich den
berechtigten Kern dieses Gedankens anerkenne, so finde ich doch darin
im Grunde nichts anderes, als den letzten Rest der Auffassung, daß der
Richter seine Entscheidung aus irgend einer — nötigenfalls einer selbst=
gemachten — Regel ab z u l e i t e n habe. Auch dieser Rest muß aber
vom hier vertretenen Standpunkt aus fallen. Richtig ist nur so viel,
daß der Richter vom Standpunkt der objektiven Gerechtigkeit aus (vgl.
hierzu oben S. 35 oben) sich der Verallgemeinerungsfähigkeit des Richter=
spruchs bewußt sein muß. Ganz frei kann er schalten, wo der Fall ein
so individuell gearteter ist, daß der angedeutete Gesichtspunkt nicht in
Betracht kommt (ich setze voraus, daß es solche Fälle gibt). Im übrigen
aber ist der Idee an jene Möglichkeit nur eine Kontrollefunktion
einzuräumen: sowohl vor als nach dem Richterspruch würde die Probe
auf die Richtigkeit des Urteils negativ ausfallen, wenn eine aus dem
Richterspruch abzuleitende Regel falsch und undurchführbar wäre. Wenn
Rümelin meint, daraus, daß der Richter eine b e g r ü n d e t e Ent=
scheidung geben müsse, folge, daß der Richter (vorher) die allgemeine
Regel suchen müsse, so ist dies eine petitio principii. Es ist im Gesetz
(§ 313 Nr. 4 3PO.) nicht gesagt, daß die Begründung eine Ableitung
aus Rechtssätzen sein müsse, das ist nur Theorie. Der wahre Richter

durch die getroffene Entscheidung — im Sinne des § 549 ZPO.
— das Geſetz nicht verletzt iſt.

*   *   *

Zu der oft erörterten Frage der Verwertbarkeit der „Entſtehungs=
geſchichte" für den einzelnen Fall bemerke ich nur ſo viel: es iſt keinen
Augenblick zu bezweifeln, daß es Fälle geben kann, wo ſich der Sinn
und Zweck, den die geſetzgebenden Faktoren übereinſtimmend dem
Geſetz zugrunde legen wollten, aus den ſog. Materialien mit aller Sicher=
heit ermitteln läßt. In dieſem Falle iſt der durch ſichere Auslegung
ermittelte Sinn des Geſetzes für den Richter ebenſo gewiß maßgebend,
als es feſtſteht, daß er hinſichtlich des Parteiwillens das in analoger
Weiſe gewonnene Ergebnis zu reſpektieren hat. Würde unter Ver=
kennung des ſo ermittelten Sinns des Geſetzes eine geſetzliche Norm
im konkreten Fall angewendet oder nicht angewendet, ſo würde Geſetzes=
verletzung nach § 549 ZPO. vorliegen. — Im übrigen aber iſt eine freie

wird ſich bewußt ſein, daß ſein Urteil normbegründend wirken kann.
Auszuſprechen braucht er dies nicht. — Es ſoll alſo nach meiner Auffaſſung
auch für die Rechtſprechung dem Grundſatz des Röm. Rechts zum Durch=
bruch verholfen werden: ne ex regula jus sumatur, sed ex jure quod
est regula fiat, d. h.: die Rechtſprechung ſoll nicht nach vorher fingirten
Regeln Recht ſprechen, ſondern die Allgemeinheit ſoll aus den ergangenen
Rechtsſprüchen ſehen, was Rechtens iſt. Damit dürfte wohl die Grenz=
ziehung richtig hergeſtellt und der natürliche Individualismus des
Richterſpruchs in ſeine Rechte eingeſetzt ſein. Nur die Losreißung von
der Idee der begrifflichen Ableitung kann zur Geſundung unſerer Recht=
ſprechung führen. — Daß dieſe begriffliche Ableitung hiſtoriſch auf die
mittelalterlich=ſcholaſtiſche Denkweiſe als Grundlage zurückführt, will
Bozi, Die Weltanſchauung der Jurisprudenz, Hannover, Helwing, 1908,
nachweiſen. Dieſe Ausführungen, deren Richtigkeit ich mangels philo=
ſophiſcher Vorbildung nicht nachprüfen kann, ſcheinen mir viel Beachtens=
wertes und zu weiteren Studien Anregendes zu enthalten. — Beifügen
möchte ich noch, daß es auf alle Fälle angezeigt iſt, dem ſachlichen Inhalt
der Entſcheidungsgründe einmal näher zu rücken, als es durch die
ſtereotype Formel geſchieht: „Die Entſcheidungsgründe ſollen die Er=
wägungen, aus welchen der Richter zu der in der Urteilsformel ent=
haltenen Entſcheidung gelangt iſt, erkennbar machen."

Stellungnahme gegenüber den Vorarbeiten zu empfehlen und das Gesetz aus sich selbst auszulegen. Daß die richterliche Rechtfindung dabei je= weils in weitem Umfang den Maßstab i h r e r Zeit zugrunde legt — z. B. bei Beurteilung der „guten Sitten" uff., — ist eine so natürliche Sache, daß jeder Verfuch ihrer Bekämpfung ausfichtslos ist. T a t f a ch e ist, daß die gesamte Praxis in weitem Umfang so verfährt, daß fie fich auf die Entstehungsgeschichte beruft, wo diese f ü r die sonst wünfchens= werte Entscheidung verwertet werden kann, und daß im gegenteiligen Fall die Motive uff. beiseite geschoben oder als unrichtig widerlegt werden (f. G. 173 und als positiven Beweis hierfür den oben S. 53 nach G. 46, 47 mitgeteilten Fall).

IV.

Aber wird nicht durch die neue Methode die Rechtsficher= heit aufs fchwerste geschädigt? Darauf antworte ich mit der Frage: „Besteht fie denn jetzt?" „Man fieht ein, wenn die Rechtsergänzung mit folchen Mitteln (wie bisher) betrieben wird, ist niemand feines Rechtes ficher." „Wer das Unglück hat, in die Hände eines Deduktions= oder Fiktionsfanatikers zu fallen, für den ist der Ausgang des Prozeffes das reine Lotteriespiel." „Da die Auswahl der Konftruktionsbafis durch Realitäten nicht beengt wird, können demselben Tatbestand ganz beliebige, auch völlig entgegengesetzte Rechtswirkungen ankonstruiert werden." Es ist diesmal nicht der Böfewicht F u ch s , der so spricht, sondern ein deutscher Univerfitätsprofeffor, E r n ft S t a m p e (Greifswald)[1], an deffen Gefinnungstüchtigkeit nicht zu rütteln ist und der energisch die Methode der Intereffenwägung auf fozialer Bafis fordert, freilich aber anerkennen muß, daß das Ohr der Praxis

---

[1] In der Schrift: Unfere Rechts= und Begriffsbildung. Greifswald Abel 1907 S. 37 S. 6. — Als Vorgänger feiner Ideen werden von ihm genannt: Ihering, Bär, Bülow, Rümelin, Meili, Schloßmann und insbe= fondere Heck und Ehrlich.

bisher taub für solche Äußerungen war! „Viele der Herren Praktiker wollen die Promenade zum Begriffshimmel nicht auf= geben, wo man sich auf blumiger Au' für jede Entscheidung das Konstruktionsbukett so mühelos zusammenpflückt, mögen die Äpfel vom Baum der sozialen Erkenntnis nicht essen und mur= ren, daß die Wage der Themis wieder für das prosaische Hand= werk der Interessenwägung bereitgestellt wird[1]).“ Nun ich denke, vereinten Kräften wird es gelingen, der Praxis die Ohren zu öffnen. Wenn Fuchs als Vorkämpfer in unserer tobenden Zeit seine Stimme dabei zu laut erhoben hat, mag ihm die in allen großen Fragen herrschende beklagenswerte Lauheit unserer Zeit einigermaßen zur Entlastung dienen.

Wir können Fuchs nicht widerlegen, wenn er für die jetzt herrschende Unsicherheit in der Richtung, wie ein anzustrengender Prozeß entschieden werden wird, seine Kollegen „von Königsberg bis Colmar“ zu Eideshelfern aufruft. Wenn, wie gezeigt, in unserer Rechtsprechung eine Methode vorherrscht, welche mehr oder minder bewußt die Dogmatik und den Formalismus auf den Schild hebt und ungerechte, unbillige Ergebnisse als not= wendige Folge der Dialektik unbesehen sich gefallen läßt — denn Formalismus und Herzlosigkeit stehen bekanntlich in einem engen inneren Bunde! —, da wird jene Unsicherheit unfehlbar aus dem Boden blühen. Ich kann es aus meiner Erfahrung nicht für unbegründet halten, wenn Fuchs (G. 159) sagt: „Der heutige Jurist wird über kein noch so unbilliges Ergebnis mehr stutzig, sondern er lebt sich, namentlich wenn ein paar Präjudizien dafür da sind, in die Vorstellung hinein, ein noch so unbilliges Ergeb= nis sei recht.“ (Vgl. das. S. 133).

---

[1]) Würde das Reichsgericht — sagt Stampe — dieser Methode rückhaltlos sich zuwenden, anstatt sein hohes Können und Wissen in den Dienst des abstrakten Konstruierens zu stellen, so würde das zweifels= ohne bald die wohltätigsten Folgen zeitigen.

Wer von uns Richtern je einmal in einem praktischen Fall in die Lage kommt, über die Chancen eines Prozesses sich auszusprechen, wird bei der heute bestehenden Kontroversenflut über das Gefühl der Unsicherheit selbst nicht hinauskommen.

V.

Schon meine obige Besprechung der einzelnen, in R. u. W. sowie in G. besprochenen Urteile hat mehrfach — wie mögen sich darüber die Anhänger der alten Richtung gefreut haben! — gezeigt, daß auch in der soziologischen Auffassung des Einzelfalls Meinungsverschiedenheiten keineswegs ausgeschlossen sind. — Es ist wahr: „Aus dem Automaten werden auch bei soziologischer Rechtfindung die Urteile nicht gezogen werden" (G. 25). Aber erstlich wird ganz gewiß das ernste Bestreben, in den Beratungen der Richterkollegien bewußt das, was billig, was gerecht ist, aufzusuchen, in ungezählten Fällen eine Verständigung leichter ermöglichen, als der fruchtlose Streit um gelehrte Begriffe. „Zwischen verschiedenen Auffassungen einer Parteihandlung, zwischen verschiedenen Werturteilen über die Redlichkeit und Güte einer Klage läßt sich eine mittlere Linie finden: die Strenge eines Richters läßt sich durch die Billigkeit und Milde des andern temperieren. Je mehr ein Urteil auf juristisches Taktgefühl, auf Rechtsmoral und auf den Instinkt der Erfahrung zurückgeht, desto duldsamer wird der Urteiler gegenüber der abweichenden Meinung seines Nachbarn auf der Richterbank sein; hartnäckiges, eigensinniges Durchfechten des eigenen Standpunkts ist umgekehrt da natürlich, wo man rein verstandesmäßig zu diesem Standpunkt gekommen ist und im Nachgeben nur das Geständnis sehen müßte, daß die Verstandesarbeit des andern besser war als die eigene." Wiederum entsteht uns ein kräftiger Mit=

ſtreiter in Mendelsſohn=Bartholdy, von dem dieſe Worte
herſtammen[1]). Und es iſt weiterhin wahr: „Beim ſoziologiſchen
Kampf ſiegt ſchließlich in den meiſten Fällen die vernünftigſte,
anſtändigſte und zweckmäßigſte Löſung, beim pandektologiſchen
Kampf dagegen hat die unvernünftigſte, und unzweckmäßigſte
Löſung ungefähr genau ſo viele Chance wie das Gegenteil"
(G. 83). Die Berechtigung dieſer Behauptung, man geht nicht zu
weit es zu ſagen, läßt ſich nach dem in R. u. W. und in G.
beigebrachten poſitiven Material nicht länger abſtreiten. —

Daß ſich bei Einbürgerung der ſoziologiſchen Methode bald
beſtimmte leitende Geſichtspunkte heranbilden werden, darf als
ſicher angenommen werden.

Meine Meinung möchte ich alſo dahin zuſammenfaſſen:

Wir müſſen dahin kommen, daß als Aufgabe des Richters
allgemein die gerechte Verteilung von Sach= und Rechts=
gütern unter den Parteien angeſehen wird, daß es nicht
mehr als genügend gilt, wenn das Urteil als formell=richtige
logiſche Schlußfolgerung aus dem Geſetz erſcheint. Verlangt muß
vielmehr werden, daß das Urteil ſowohl vor dem inneren Forum
des Richters, wie nach der Würdigung der beteiligten Kreiſe als
ein gerechtes Beſtand hat[2]).

Die den auf Grund dialektiſcher Beweisführung ergebenden
gerichtlichen Urteilen angedichtete Eigenſchaft der begrifflichen
Notwendigkeit iſt ein Phantasma, an das ich ſelbſt bisher glaubte
und von dem ich jetzt mich losſage. Auf das Scheinmanöver,
das Urteil als Ausfluß begrifflicher Notwendigkeiten heraus=
zuputzen, muß verzichtet werden.

Gegenüber den Deduktionen der Präjudizien und den Kon=
ſtruktionen der Rechtsgelehrten ziemt dem Richter die freieſte
Stellung.

---

[1]) Das Imperium des Richters, Straßburg Trübner 1908 S. 115.
[2]) G. 73. | 236.

VI.

Es bleibt noch die Arbeit, umzuschauen, welche Aufnahme die neuen Ansichten bisher gefunden haben.

In einem fein und geistvoll geschriebenen Auffaß in DJZ. 1909 S. 1169 sucht Vierhaus die Freirechtsschule als eine derjenigen Zeiterscheinungen zu kennzeichnen, die auf die Erkenntnis der Mängel eines bestehenden Zustandes sofort mit radikaler Verwerfung reagieren, ohne den rein negativen Gedanken eine positive Ausgestaltung zu geben. Er ist scharfsichtig und gerecht genug, hinter Fuchs' „grotesken Kapuzinaden", „das Auge eines scharfen Beobachters" und das „Antlitz eines warmen Idealisten, dem das wahre Recht Herzenssache ist", zu erschauen. Obwohl Vierhaus das auch in der schärfsten Fehde einzuhaltende Maß durch Fuchs überschritten sieht, handelt es sich für ihn um die Sache, nicht um die Form. Im wesentlichen also äußerlich der auch hier vortretene Standpunkt. Sachlich freilich besteht durchgehends Divergenz. M. E. entbehrt die soziologische Methode keineswegs des positiven Gehalts und ich teile nicht die, auch von Vierhaus adoptierte herrschende Ansicht, daß es sich nur um den Angriff gegen einzelne Gesetzesbestimmungen, einzelne juristische Doktrinen, einzelne Rechtssprüche handeln könne. Vierhaus kann als der typische Vertreter der Subsumtionstheorie gelten, indem für ihn „der Rechtsbegriff und der Rechtssatz gleichsam auf das Tatbestandsbild zu legen" ist, „um zu sehen, inwieweit sie sich decken", und indem nach ihm „die Aufgabe des Richters mit der richtigen Unterordnung des richtig erkannten Tatbestands unter den richtigen Rechtssatz abschließt", während „eine Rechtswissenschaft, die nur mit einem logisch nicht faßbaren unbestimmten Rechtsgefühl arbeitete, den Namen einer Wissenschaft nicht verdienen würde". Aber wir vertreten die Ansicht, daß dem subjektiven Rechts-

gefühl, wenn es auch vielleicht „logisch schwer faßbar" sein
mag, sein Platz in der Rechtsfindung neben der begriffsbildenden
Wissenschaft nicht länger verweigert werden darf — was sollte
denn das auch von Vierhaus erwähnte δαιμόνιον anders sein
als eben dieses Gefühl? — und wir suchen zu ergründen, ob
nicht für dieses Rechtsgefühl in gewissen „Realien" ein fester
Boden gefunden werden kann (wie es oben unter Ziff. III
dargelegt ist). Wenn man bei Vierhaus als Konsequenz der
Freirechtslehre liest, wie der Richter, statt von dem „ehernen
Schilde des Gesetzes" beschützt zu sein, nun dem Einfluß der
wirtschaftlichen, sozialen und politischen Gegensätze preisgegeben
wird, so ist man wohl versucht, von der neuen Richtung sich abzuwenden. Allein man darf sich nicht verhehlen, daß ohne
eigene Entscheidung wirtschaftlicher Fragen (z. B. Zulässigkeit
der Kartelle, des Boykotts usw.) der heutige Richter tatsächlich
doch nicht auskommt, und da ist es besser, dieser Notwendigkeit
bewußt ins Auge zu schauen, als sich hinter unwahre Konstruktionistik zu verstecken. Übrigens steht Vierhaus (S. 1174
Mitte) selbst auf dem Standpunkt der Interessenwägung, verkennt aber, daß dieser Standpunkt mit der „an sich allein
möglichen, durch zwei Jahrtausende bewährten konstruktiven
Methode der Jurisprudenz" schlechterdings sich nicht vereinigen
läßt, weil nach ebendieser Methode der Wortlaut des Gesetzes,
der Begriff und die Konstruktion auch da sich durchsetzt, wo
die Interessenwägung ein gegenteiliges Ergebnis gebieterisch
fordert. — Bis die Forderung der Präponderanz der Interessenwägung erfüllt ist, kann dem Ruf Vierhaus' zur Unterlassung
des Kampfes gegen die (konstruktionistische) Rechtsprechung
leider keine Folge gegeben werden.

   Sehr erfreulich ist es zu konstatieren, in welcher objektiven Haltung gegenüber den zahlreichen formellen „Entgleisungen" Hedemann im Archiv f. bürg. R. Bd. 34 S. 116 ff.
über Fuchs urteilt. Die von diesem Kritiker hervorgehobenen

Mängel einer gewissen Einseitigkeit und des Fehlens einer gedrungenen systematischen Entwicklung der in G. ausgesprochenen Ansichten ist gewiß berechtigt. Auch ist zutreffend, daß Fuchs zu der Begründung der positiven Seite nicht vorgeschritten ist. Zuerst aber mußte das Negative geschehen. Der Zweifel und die Kritik sind die Vorläufer des Wissens. Die Aufdeckung des kryptosoziologischen Typus in der Rechtsprechung hält Hedemann für ein ganz besonderes Verdienst von Fuchs, und nach der negativen Seite hat Fuchs „Hervorragendes" geleistet und „seine Arbeit wird reiche und bleibende Früchte tragen"!

Ganz anderer Ansicht ist Düringer[1]). Diejenigen, welche sich durch Phrasen wie (unter anderem) soziologische Rechtsprechung, Kryptosoziologie imponieren lassen, können ihm „gewogen bleiben". Nun ich denke, Hedemann, ich und zahlreiche andere Richter, denen durch Fuchs die Augen über die Kryptosoziologie und ähnliche Mißgebilde geöffnet sind, werden uns gegenseitig im Stande der Ungnade trösten. Solamen miseris, socios habuisse malorum! Wenn Fuchs sich auf die ihm von vielen Seiten gewordene Zustimmung beruft, so handelt es sich für Düringer um „den einen oder anderen Landgerichtsdirektor oder Oberlandesgerichtsrat", die sich darüber freuen, „wenn einem benachbarten Oberlandesgericht oder dem Reichsgericht eins am Zeuge geflickt wird". Da ich mich von der hier angedeuteten Geistesrichtung hämischer, unkollegialer Schadenfreude durchaus rein weiß, so kann ich auch bei anderen Richtern, die auf einem ähnlichen wissenschaftlichen Standpunkt stehen wie ich, jenes Gefühl unmöglich — bis zum Beweis des Gegenteils — unterstellen. Es kann abgewartet werden, ob die Öffentlichkeit an der Art Gefallen finden wird, wie Düringer die Person seines Gegners, obwohl er die idealen und edlen

[1]) ob. S. 44 Anm. 3.

Motive ausdrücklich anerkennt, in den Streit zieht (schlauer Fuchs, „wo der Fuchs den Enten predigt", Karlsruher Freirechtspfäfflein, Hanswurst aller modernen Ideen), wobei er sogar einen gelegentlichen antisemitischen Ausfall nicht verschmäht (S. 65). Ich bezweifle es, nachdem vor berufener Seite (Vierhaus in DJZ. 1909 S. 1273) zart angedeutet worden ist, dieser Abschnitt der Düringerschen Schrift wäre besser ungedruckt geblieben.

Sachlich ist Düringers Polemik (S. 65 ff.) nicht überzeugend. Die notwendige Vorarbeit (s. oben S. 44), die Fuchssche Kritik der höchstrichterlichen Urteile nachzuprüfen, hat Düringer nicht getan, weil er keine Zeit und Lust hat, sich „außerdienstlich über die richtige Entscheidung juristischer Fälle herumzubalgen". Nach Düringer könnten wir uns trotz aller Zugeständnisse, die er fast auf jeder Seite macht, zu einem Loblied dahin vereinigen, daß wir's so herrlich weit gebracht. „Es ist die wichtigste Aufgabe des Richters, das Gesetz dem Leben anzupassen". . . „Dies geschieht auch tatsächlich", wozu nur zu bemerken ist: quod erat demonstrandum.

Der „größte Soziologe" ist nach Düringer der Gesetzgeber, obwohl doch außer Zweifel ist, daß große Teile des BGB. rein scholastisch-konstruktionistisch sind, und daß der eine Tropfen sozialen Öls, mit dem das BGB. bekanntlich gesalbt ist, nicht genügt. Freilich zwei der bösesten Entscheidungen, diejenige über das Testament der Witwe Schmidt und die oben S. 46 besprochene Entscheidung (E. 64 S. 323), billigt Düringer (S. 51, S. 73) nicht, und so kann allerdings angenommen werden, daß das „Herumbalgen" über die Richtigkeit der von Fuchs kritisierten Urteile, wenn es nicht unterblieben wäre, noch manche andere Entscheidung zutage gefördert haben würde, die auch Düringers Rechtsgefühl so wenig Genüge leisten würde wie demjenigen anderer Kritiker. Und das fatale: „Was hat das Mitleid in der Revisionsinstanz zu schaffen?" bleibt trotz des Rechtfertigungsversuchs auf Düringer sitzen und wird für die

weitere wiſſenſchaftliche Forſchung wertvoll bleiben als ſchlagendſtes
Beweismittel für die jetzt herrſchende Richtung, der das logiſch=
formale Element alles, das Gefühlsmoment nichts gilt, und die
in bewußter Weiſe das ſubjektive Rechtsgefühl des Richters,
weil zur Rechtsunſicherheit führend, aus dem Gerichtsſaal ver=
bannen möchte.

Daß Düringers Appell an das Standesbewußtſein der
deutſchen Richter gegenüber Fuchs (S. 78) für mich und andere
nichts anderes bedeutet, als die Zumutung eines Opfers des
Intellekts, die ich zurückweiſe, wird wohl nach meinen bisherigen
Ausführungen einleuchten, lag übrigens auch ſchon nach meinem
früheren öffentlichen Beſprechungen klar zutage. Ich verfehle
nicht zu wiederholen, daß die Nachprüfung der Fuchsſchen
Kritiken höchſtrichterlicher Urteile für jeden Richter eine äußerſt
fruchtbringende und belehrende Arbeit iſt, die ſeinen Blick unge=
heuer weiten wird.

Die Neigung zum Formalismus und zur Unfreiheit wird
auch von Hellwig im „Tag" Nr. 240, 241 vom 13./14. Ok=
tober 1909 der heutigen Rechtſprechung vorgeworfen und an
Beiſpielen aus der Judikatur des höchſten Gerichts erläutert.
Gegenüber einer Rechtſprechung, die „vielfach vergißt, daß ſie
nicht nur die Aufgabe hat, logiſche Kategorien zu handhaben
und Prinzipien durchzuführen", verlangt er, daß die Recht=
ſprechung ſo ausgeſtaltet werde, daß ſie die Bedürfniſſe der
Gegenwart unter gerechter Würdigung der widerſtreiten=
den Intereſſen befriedigt. „Entſcheidungen, die hiergegen
verſtoßen, ſind gegen den Geiſt des Geſetzes. Sie ſind unge=
recht. Sie verletzen das geſunde Rechtsempfinden, mögen ſie
mit einem noch ſo großen Aufwand von formalem Scharfſinn
begründet ſein." Das iſt echt ſoziologiſch gedacht, möge
Düringer den Ausdruck verzeihen!

Auch hier möchte ich nochmals an Bozi erinnern, der in
einer gewiß durchaus wiſſenſchaftlichen Beweisführung die ſcho=

laſtiſch=formaliſtiſche Denkweiſe unſerer Zeit namentlich in ſtraf=
richterlichen Urteilen dartut. So iſt z. B. (Bozi S. 48, 93) nur
um des Begriffs „Freiſprechung" willen ein Mörder dem
gerichtlichen Verfahren entronnen, obwohl das ihn von der An=
klage des Vergehens des § 139 StGB. (Nichtanzeige eines
bevorſtehenden Verbrechens) freiſprechende Gericht ausdrücklich
geſagt hatte, die Freiſprechung geſchehe, damit ein neues Straf=
verfahren (wegen Mords) eingeleitet werde (RGSt. 12, 79).
Aber Nichtverhinderung eines Mords und Mord wäre nach An=
ſicht des RG. „dieſelbe Handlung" im Sinne des Strafgeſetzes
(wiederum Begriffskultus!) und deshalb war die Strafklage
„konſumiert". Das Gegenſtück iſt die Entſcheidung (RGSt. 18,
116), worin Rückfall beim dritten Diebſtahl angenommen wurde,
obwohl die erſte (Verweis=)Strafe gegen einen Strafunmündigen
(i. S. des § 55 Abſ. 1 StGB.) irrtümlich erkannt und vollzogen
war. Aber freilich: die Heilighaltung des Begriffs Verur=
teilung mußte höher ſtehen als die materielle Gerechtigkeit!

Iſt das Buchſtabenkultus, iſt das Begriffsjurisprudenz
oder nicht?

Glücklich derjenige, der ſich bei einem „tout est pour
le mieux dans le meilleur du monde" beruhigen kann. Die=
jenigen, die es nicht können, verdienen wahrlich nicht Hohn
und Spott. An Stampes Kritik der heutigen Methode (oben
S. 69) möchte ich gerade hier nochmals erinnert haben.

Bedeutſam iſt es immerhin, daß die heutige Reform=
bewegung für würdig erachtet wurde, in nicht weniger als drei
Artikeln der Feſtnummer der DJZ. zum Leipziger Univerſitäts=
jubiläum (Nr. 16, 17 von 1909) zum Gegenſtand der Beſprechung
gemacht zu werden. Im einzelnen iſt hier nicht darauf einzu=
gehen. Doch möchte ich folgende ſympathiſchen Worte hierher
ſetzen, welche Mitteis über die neue Richtung geſchrieben hat:

„Es wird vielleicht manchen poſitiven Juriſten befremden,
wenn ich hierüber zunächſt nur ſage, daß ich von dieſen Vor=

würfen vieles sehr übertrieben und ungerecht gefunden habe; der reine Positivist dürfte vielleicht ein vollständiges Anathema gegen jene Schriften erwarten. Dazu kann ich mich nun freilich nicht entschließen; ich glaube, es geziemt uns, eine Polemik, die wenigstens zum Teil von offenbar sehr unterrichteten und scharfblickenden Sachgenossen herstammt, aufs gewissenhafteste zu berücksichtigen und aus ihr womöglich unsere Fehler erkennen zu lernen. Das wir manches zu bessern haben, halte auch ich für sicher" . . . . .

„Was wir brauchen, ist: weniger Jus, mehr wirkliche Juristen."

Neuestens hat auch Professor Heck (Tübingen) in der DJZ. (Nr. 24 von 1909 S. 1457) zur Frage der Begriffsjurisprudenz das Wort ergriffen und den in der konstruktiven (deduktiven) Methode steckenden Grundfehler dahin gekennzeichnet, daß damit nichts anderes geschehe, als daß Rechtssätze aus Begriffen abgeleitet werden, in welche zuvor jene Rechtssätze hineingetan worden waren (Inversionsmethode). Ich möchte folgende wichtige Sätze Hecks zur Unterstützung meiner Ansichten hier wörtlich anführen:

„Die technische Begriffsjurisprudenz verdeckt den Zusammenhang des Rechts mit den Lebensinteressen. Das Recht ist nur dazu da, den Lebensinteressen zu dienen, die menschlichen Interessen gegeneinander abzuwägen und abzugrenzen. Die Untersuchung des Zusammenhangs zwischen den Rechtssätzen und den Interessenlagen, die Interessenforschung, ist die Hauptaufgabe der Rechtswissenschaft. Kein Rechtssatz ist erkannt oder dargestellt, wenn sein „Interessengehalt" nicht erkannt und dargestellt ist. Die Inversionsmethode kann dieser Aufgabe nicht gerecht werden. Wer den Rechtssatz als die logische Konsequenz eines Gebotsbegriffs auffaßt und darstellt, der kann ihn nicht zugleich als Resultat einer Abwägung von Bedürfnissen darstellen." . . . . . „Die Angriffe gegen die deutsche Jurisprudenz sind vielfach ungerecht und übertrieben, aber in bedauer= lich weitem Maß auch berechtigt.

Die Entscheidungen, die Fuchs beanstandet, sind zum erheblichen Teil wirklich unrichtig und nicht durch individuelle Entgleisungen, sondern nur als Folge einer falschen Methode erklärbar. In dem Inversionsverfahren haben wir den Hauptschuldigen vor uns und die wichtigste Abhilfe muß darin bestehen, daß wir das Inversionsverfahren in allen For= men und mit allen Folgen grundsätzlich und voll= ständig aufgeben."

VII.

Eines glaube ich gezeigt zu haben: es ist keineswegs richtig, wenn man in der neuen Richtung die positive Seite vermissen zu sollen geglaubt hat. Freilich mußte als erste Arbeit die kritische Betrachtung des Bestehenden mit dem negativen Erfolg der Erschütterung des Glaubens an die alleinseligmachende Kraft des logischen Schlusses einsetzen.

Aber auch hier gilt:

studere destruit, studuisse construit!

Im Anschluß an die neuen Ideen scheint sich mir eine bedeutsame Entwicklung anzubahnen. In ihr ist die Recht= sprechung, wenn sie bewußt den soziologischen Standpunkt einnimmt, eine führende Rolle zu spielen berufen, sofern sie sich — in den Grenzen des positiven Rechts — energisch von der bisherigen Scholastik der Präjudizien, Kommentare, Lehrbücher losreißt. Diese Losreißung muß eine wohltuende Einwirkung

auf die Gefetzgebung notwendig zur Folge haben. Auch die
Theorie muß nachfolgen. Denn fie wird ihre Aufgabe darin er=
kennen müffen, ftatt die künftigen Richter mit leeren unnützen
Formeln zu befchweren, fie zu fördern durch die ihnen zu ver=
mittelnde Einficht in das Wefen der realen Rechtsgüter und in
ihre Wertung, — in die tatfächlichen, den Rechtsftoff in fich
bergenden Lebensverhältniffe und in die Verkehrsanfchauungen[1]).
Davon wird das jetzt aus Mangel lebenswahren Lernftoffes
darniederliegende Rechtsftudium heilfam beeinflußt werden. Die
romaniftifch=formaliftifche Grundlage der Rechtslehre muß mehr
und mehr fallen, dem durchaus ungefunden Überwiegen der alt=
philologifchen Vorbildung der Knaben und Jünglinge muß
energifch zu Leibe gegangen werden. In den Schulen wie in
den Univerfitäten muß an Stelle des heute dort großgezogenen
Egoismus eine auf die gemeinfamen Intereffen gegründete fozial=
ethifche Gefinnung einziehen. Einer ftaatsbürgerlichen Erziehung
muß der Boden geebnet werden.

Es find weite Horizonte, auf die der Ausblick eröffnet ift.
Sollte zunächft auch nur ein kleiner Teil deffen, was hierzu als
erfter Schritt angeftrebt wird, nämlich eine gerechtere, lebens=
wahrere, volkstümlichere Rechtfprechung fich verwirklichen
laffen — und zu diefem Werk möchte ich den ganzen Richter=
ftand einladen —, fo wird die Arbeit der foziologifchen Schule
nicht umfonft getan worden fein!

Die foziologifche Methode fchließt höchfte ethifche Werte
in fich[2]). Sie bedeutet, indem fie zur Befreiung von
unerhörter Begriffsfklaverei und zu deren Erfatz durch eine mit=

---

[1]) In der Kenntnis diefer Faktoren ift der heutige Richter (wie
Fuchs S. 177 u. a. zahlr. a. St. ausführt) in Ermangelung genügend
forfchender Vorarbeit im wefentlichen ein ungefchulter Autodidakt.
Er verließ, wenigftens zu meiner Zeit, die Hochfchule etwa wie ein
Mediziner, der nur Anatomie ftudiert gehabt hätte.

[2]) S. 233.

fühlende Rechtfindung auffordert, nichts Geringeres als einen Appell an das allgemeine Rechtsbewußtsein. Sie befreit den Richter von dem jetzt in der Rechtsprechung wehenden Geist der Unfreiheit[1]). Sie befreit ihn von dem Ballast weltfremder Konstruktionen und Kontroversen, welche zum größten Teil durch die soziologische Auffassung gegenstandslos werden[2]). Sie ruft den Richter auf zur bewußten Willensbildung behufs Erreichung des Ideals der gerechten Rechtfindung. Sie setzt das subjektive Rechtsgefühl in seine Rechte wieder ein und zeigt der Rechtsprechung den Pfad zur Erreichung des Ideals, indem sie sie über die Mittel aufklärt, wodurch das Ziel erreicht werden kann. Sie hebt den Richter aus seiner bisherigen dienenden Stellung empor zu der Führerrolle, die ihm gebührt und kraft deren er einer gesunden Rechtsanschauung und damit dem gesamten Rechtsverkehr den Weg zu weisen, der Rechtsentwicklung die Fahne voranzutragen hat.

---

[1]) Nach Hellwig in „Der Tag" Nr. 240/241 v. 1909.

[2]) G. 23, 228. — Ganz in diesem Sinne neuestens: RG3. 71 S. 196.

SEVERUS

Ebenfalls im SEVERUS Verlag erhältlich:

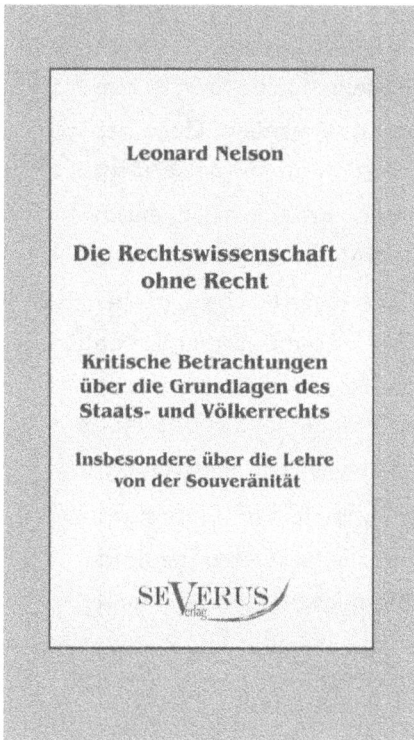

Leonard Nelson
Die Rechtswissenschaft ohne Recht:
Kritische Betrachtungen über die
Grundlagen des Staats- und Völkerrechts.
Insbesondere über die Lehre von der
Souveränität.
SEVERUS 2011 / 268 S./ 49,50 Euro
ISBN 978-3-86347-039-5

In dieser stilistisch herausragenden und höchst unterhaltsamen Arbeit schafft es der Autor, fundamentale philosophische Überlegungen mit hintergründiger Polemik zu kombinieren. Im Mittelpunkt seiner Kritik steht die Auffassung und Rolle des Rechts. Durch die Souveränitätsbehauptungen der Staaten diene jenes den politischen Eliten und Winkeladvokaten nur noch als Instrument zur Erhaltung und zum Ausbau ihrer Macht, obwohl es ursprünglich die absolute Größe darstellen sollte, nach der sich Staaten zu richten hätten. Nelson argumentiert weiterhin, dass auch auf Grundlage dieses verkümmerten Rechtsbewusstseins der zu jener Zeit tobende Erste Weltkrieg ausbrechen konnte und das Recht selbst eine metaphysische Komponente sei, die sich keiner Regierung unterwerfen dürfe.
Seine kritische Abhandlung über die unmögliche Vereinbarkeit von Souveränität und Völkerrecht besitzt nach wie vor uneingeschränkt Gültigkeit.

Leonard Nelson (1882-1927) war einflussreicher Philosoph und Mathematiker. Er gründete 1922 die Philosophisch-Politische Akademie und 1926 den Internationalen Sozialistischen Kampfbund.

SEVERUS Verlag

Bisher im SEVERUS Verlag erschienen:

Achelis. Th. Die Entwicklung der Ehe * **Andreas-Salomé, Lou** Rainer Maria Rilke * **Arenz, Karl** Die Entdeckungsreisen in Nord- und Mittelafrika von Richardson, Overweg, Barth und Vogel * **Aretz, Gertrude (Hrsg)** Napoleon I - Briefe an Frauen * **Ashburn, P.M** The ranks of death. A Medical History of the Conquest of America * **Avenarius, Richard** Kritik der reinen Erfahrung * Kritik der reinen Erfahrung, Zweiter Teil * **Bernstorff, Graf Johann Heinrich** Erinnerungen und Briefe * **Binder, Julius** Grundlegung zur Rechtsphilosophie. Mit einem Extratext zur Rechtsphilosophie Hegels * **Bliedner, Arno** Schiller. Eine pädagogische Studie * **Blümner, Hugo** Fahrendes Volk im Altertum * **Brahm, Otto** Das deutsche Ritterdrama des achtzehnten Jahrhunderts: Studien über Joseph August von Törring, seine Vorgänger und Nachfolger * **Braun, Lily** Lebenssucher * **Braun, Ferdinand** Drahtlose Telegraphie durch Wasser und Luft * **Brunnemann, Karl** Maximilian Robespierre - Ein Lebensbild nach zum Teil noch unbenutzten Quellen * **Büdinger, Max** Don Carlos Haft und Tod insbesondere nach den Auffassungen seiner Familie * **Burkamp, Wilhelm** Wirklichkeit und Sinn. Die objektive Gewordenheit des Sinns in der sinnfreien Wirklichkeit * **Caemmerer, Rudolf Karl Fritz** Die Entwicklung der strategischen Wissenschaft im 19. Jahrhundert * **Cronau, Rudolf** Drei Jahrhunderte deutschen Lebens in Amerika. Eine Geschichte der Deutschen in den Vereinigten Staaten * **Cushing, Harvey** The life of Sir William Osler, Volume 1 * The life of Sir William Osler, Volume 2 * **Dahlke, Paul** Buddhismus als Religion und Moral, Reihe ReligioSus Band IV * **Eckstein, Friedrich** Alte, unnennbare Tage. Erinnerungen aus siebzig Lehr- und Wanderjahren * Erinnerungen an Anton Bruckner * **Eiselsberg, Anton Freiherr von** Lebensweg eines Chirurgen * **Eloesser, Arthur** Thomas Mann - sein Leben und Werk * **Elsenhans, Theodor** Fries und Kant. Ein Beitrag zur Geschichte und zur systematischen Grundlegung der Erkenntnistheorie. * **Engel, Eduard** Shakespeare * Lord Byron. Eine Autobiographie nach Tagebüchern und Briefen. * **Ferenczi, Sandor** Hysterie und Patho-neurosen * **Fichte, Immanuel Hermann** Die Idee der Persönlichkeit und der individuellen Fortdauer * **Fourier, Jean Baptiste Joseph Baron** Die Auflösung der bestimmten Gleichungen * **Frimmel, Theodor von** Beethoven Studien I. Beethovens äußere Erscheinung * Beethoven Studien II. Bausteine zu einer Lebensgeschichte des Meisters * **Fülleborn, Friedrich** Über eine medizinische Studienreise nach Panama, Westindien und den Vereinigten Staaten * **Goette, Alexander** Holbeins Totentanz und seine Vorbilder * **Goldstein, Eugen** Canalstrahlen * **Graebner, Fritz** Das Weltbild der Primitiven: Eine Untersuchung der Urformen weltanschaulichen Denkens bei Naturvölkern * **Griesser, Luitpold** Nietzsche und Wagner - neue Beiträge zur Geschichte und Psychologie ihrer Freundschaft * **Hartmann, Franz** Die Medizin des Theophrastus Paracelsus von Hohenheim * **Heller, August** Geschichte der Physik von Aristoteles bis auf die neueste Zeit. Bd. 1: Von Aristoteles bis Galilei * **Helmholtz, Hermann von** Reden und Vorträge, Bd. 1 * Reden und Vorträge, Bd. 2 * **Henker, Otto** Einführung in die Brillenlehre * **Kalkoff, Paul** Ulrich von Hutten und die Reformation. Eine kritische Geschichte seiner wichtigsten Lebenszeit und der Entscheidungsjahre der Reformation (1517 - 1523), Reihe ReligioSus Band I * **Kautsky, Karl** Terrorismus und Kommunismus: Ein Beitrag zur Naturgeschichte der Revolution * **Kerschensteiner, Georg** Theorie der Bildung * **Klein, Wilhelm** Geschichte der Griechischen Kunst - Erster Band: Die Griechische Kunst bis Myron * **Krömeke, Franz** Friedrich Wilhelm Sertürner - Entdecker des Morphiums * **Külz, Ludwig** Tropenarzt im afrikanischen Busch * **Leimbach, Karl Alexander** Untersuchungen über die verschiedenen Moralsysteme * **Liliencron, Rochus von / Müllenhoff, Karl** Zur Runenlehre. Zwei Abhandlungen * **Mach, Ernst** Die Principien der Wärmelehre * **Mausbach, Joseph** Die Ethik des heiligen Augustinus. Erster Band: Die sittliche Ordnung und ihre Grundlagen * **Mauthner, Fritz** Die drei Bilder der Welt - ein sprachkritischer Versuch * **Müller, Conrad** Alexander von Humboldt und das Preußische Königshaus. Briefe aus den Jahren 1835-1857 * **Oettingen, Arthur von** Die Schule der Physik * **Ostwald, Wilhelm** Erfinder und Entdecker * **Peters, Carl** Die deutsche Emin-Pascha-Expedition * **Poetter, Friedrich**

Christoph Logik * **Popken, Minna** Im Kampf um die Welt des Lichts. Lebenserinnerungen und Bekenntnisse einer Ärztin * **Prutz, Hans** Neue Studien zur Geschichte der Jungfrau von Orléans * **Rank, Otto** Psychoanalytische Beiträge zur Mythenforschung. Gesammelte Studien aus den Jahren 1912 bis 1914. * **Rohr, Moritz von** Joseph Fraunhofers Leben, Leistungen und Wirksamkeit * **Rubinstein, Susanna** Ein individualistischer Pessimist: Beitrag zur Würdigung Philipp Mainländers * Eine Trias von Willensmetaphysikern: Populär-philosophische Essays * **Sachs, Eva** Die fünf platonischen Körper: Zur Geschichte der Mathematik und der Elementenlehre Platons und der Pythagoreer * **Scheidemann, Philipp** Memoiren eines Sozialdemokraten, Erster Band * Memoiren eines Sozialdemokraten, Zweiter Band * **Schlösser, Rudolf** Rameaus Neffe - Studien und Untersuchungen zur Einführung in Goethes Übersetzung des Diderotschen Dialogs * **Schweitzer, Christoph** Reise nach Java und Ceylon (1675-1682). Reisebeschreibungen von deutschen Beamten und Kriegsleuten im Dienst der niederländischen West- und Ostindischen Kompagnien 1602 - 1797. * **Stein, Heinrich von** Giordano Bruno. Gedanken über seine Lehre und sein Leben * **Strache, Hans** Der Eklektizismus des Antiochus von Askalon * **Thiersch, Hermann** Ludwig I von Bayern und die Georgia Augusta * **Tyndall, John** Die Wärme betrachtet als eine Art der Bewegung, Bd. 1 * Die Wärme betrachtet als eine Art der Bewegung, Bd. 2 * **Virchow, Rudolf** Vier Reden über Leben und Kranksein * **Wecklein, Nikolaus** Textkritische Studien zu den griechischen Tragikern * **Weinhold, Karl** Die heidnische Totenbestattung in Deutschland * **Wellmann, Max** Die pneumatische Schule bis auf Archigenes - in ihrer Entwickelung dargestellt * **Wernher, Adolf** Die Bestattung der Toten in Bezug auf Hygiene, geschichtliche Entwicklung und gesetzliche Bestimmungen * **Weygandt, Wilhelm** Abnorme Charaktere in der dramatischen Literatur. Shakespeare - Goethe - Ibsen - Gerhart Hauptmann * **Wlassak, Moriz** Zum römischen Provinzialprozeß * **Wulffen, Erich** Kriminalpädagogik: Ein Erziehungsbuch * **Wundt, Wilhelm** Reden und Aufsätze * **Zoozmann, Richard** Hans Sachs und die Reformation - In Gedichten und Prosastücken, Reihe ReligioSus Band III